DISTRIBUTION DE « POLHO » (CALICOT SERVANT DE MONNAIE. PAGE 306). — DESSIN DE MASSIAS, D'APRÈS UNE PHOTOGRAPHIE DE L'AUTEUR.

VOYAGE AU KILIMA NDJARO[1]

PAR M. JOSEPH CHANEL.

I

De Marseille à Zanzibar. — Zanzibar. — Mombaz. — Départ de la caravane. — Dans la brousse.

CASE AU MILIEU DES COCOTIERS
À ZANZIBAR.
DESSIN DE BOUDIER.

Au retour d'un voyage de vingt et un mois en Extrême-Orient, j'eus la bonne fortune, en septembre 1893, de me rencontrer à Paris avec mon éminent compatriote de la Martinique, Mgr de Courmont, vicaire apostolique du Zanguebar. En 1890, Mgr de Courmont, en compagnie des Pères Le Roy et A. Gommenginger, avait fait un voyage d'exploration au Kilima Ndjaro.

Son but était d'étudier cette région à peu près inconnue et d'y fonder des centres d'évangélisation. Vers la fin de 1892, accompagné du P. Flick, Mgr de Courmont entreprit un nouveau voyage. Il voulait visiter la mission de N.-D. de Lourdes de Kilema dont la création avait été décidée lors de son premier voyage. En route, il laissait son compagnon dans le Taïta, pour y établir la mission de N.-D. d'Espérance de Boura.

Après avoir décidé qu'une nouvelle mission serait établie sur la montagne, à Kibocho, il rentrait à Zanzibar. Très fatigué, fortement éprouvé par la fièvre, il dut, sur l'avis des médecins, venir passer quelques mois en France. Connaissant mon goût pour les voyages sortant un peu de la ligne battue, et mon amour pour la chasse, Mgr de Courmont m'engagea fortement à porter mes pas vers le mont Blanc africain. Les missions de Mombaz, de Boura, de Kilema, de Kibocho, jalonnant la route, rendaient ce voyage agréable et relativement facile. La variété et l'abondance du gibier peuplant cette contrée me décidèrent tout à fait.

Le 12 mai 1894, mon compagnon de route, M. René Gautier, et moi, nous nous embarquions à Marseille à bord de l'*Amazone*. Les passagers français, fort peu nombreux, du reste, et presque tous à destination de Madagascar, sont des officiers ou des fonctionnaires. Il n'y a guère que ces deux catégories de Français qui voyagent. La dernière, surtout, est fort nombreuse. Ce sont nos colons à nous, et nos colonies en sont peuplées.

1. *Voyage exécuté en 1894. — Texte inédit. — Dessiné d'après des photographies de l'auteur.*

Le 23, nous descendons à Obok à 5 heures du matin

Partout s'étend une terre jaune et sablonneuse absolument desséchée et aride.

Trois ou quatre maisonnettes enveloppées de treillis de bois destinés à les garantir des rayons du soleil, ce qui leur donne un aspect fort primitif, constituent la ville administrative. Le seul point pittoresque d'Obok est le village indigène, formé de cases dont la carcasse, faite de branches d'arbres dépouillées de leurs feuilles, est recouverte de vieilles toiles d'emballage formant toiture et murailles. L'aspect en est sale et tout à fait « chiffonnier ».

Dans ces taudis logent, entassés les uns sur les autres, dix ou douze individus, là où trois hommes auraient de la peine à se tenir debout ou à se coucher.

Dans la soirée nous faisons escale à Aden. S'il n'y a que du sable à Obok, à Aden on ne voit que des rochers, des fortifications et de la houille. Là, au

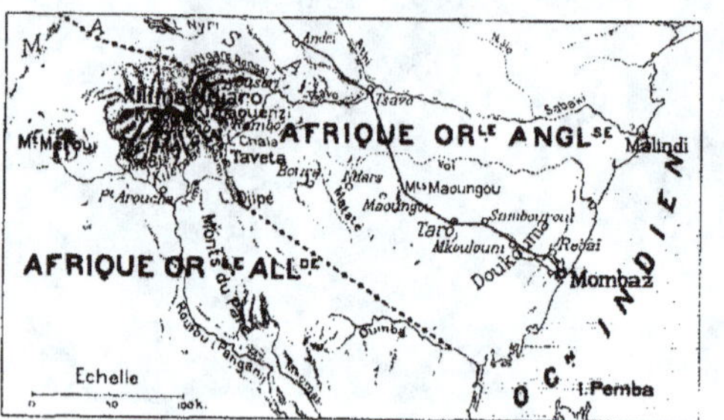

ITINÉRAIRE DE MM. CHANEL ET GAUTHIER DE ZANZIBAR AU KILIMA-NDJARO.

moins, il y a un vrai dépôt de charbon. Mais, au point de vue de la chaleur et du manque d'ombrage, Aden n'a rien à envier à Obok. Dans l'après-midi du 30 nous longeons successivement les côtes des îles de Pemba et de Zanzibar, où nous débarquons dans la soirée. A la mission des Pères du Saint-Esprit, nous trouvons près de Mgr de Courmont le plus cordial accueil.

Nous logeons dans une petite maison arabe appartenant à la Mission et les Pères mettent à notre disposition un jeune chrétien du nom de Raphaël, parlant bien le français et très débrouillard. Sous ses ordres, un petit gamin d'une douzaine d'années, son esclave, est chargé de notre ménage.

L'esclavage existe en effet à Zanzibar au vu et au su de tout le monde. Il est parfaitement vrai que les marchés d'esclaves sont abolis, que l'on fait une chasse constante aux boutres négriers venant de la côte, que le chargement de tout boutre capturé est rendu à la liberté, et les enfants sans père ni mère confiés aux bons soins des missionnaires catholiques ou protestants. Mais, lorsque les négriers sont parvenus à accoster sans encombre, les esclaves sont vendus de la main à la main aux riches Arabes, qui les revendent, les envoient cultiver leurs propriétés ou les gardent comme serviteurs. Les transactions de ce genre sont journalières. Cela se fait sans bruit, sans publicité ; l'autorité anglaise ne l'ignore pas, elle ferme les yeux sur ce point.

A vrai dire la situation de l'esclave n'est pas, en général, bien malheureuse. Son maître a tout intérêt à ce qu'il se porte bien, le même intérêt qu'a tout agriculteur à ce que ses bœufs ou ses chevaux de labour soient en bon état ; aussi ne le maltraite-t-il point. D'autre part, ce maître, ordinairement paresseux et insouciant du

ZANZIBAR, VUE PRISE DE LA CAMPAGNE. — DESSIN DE BOUDIER, D'APRÈS UNE PHOTOGRAPHIE.

lendemain, vit au jour le jour, et l'Arabe possesseur de nombreux esclaves ne réclame pas de chacun d'eux une bien grande somme de travail, sauf au moment de la récolte des clous de girofle. Mais avant d'en arriver là, par quelles misères les malheureux ne doivent-ils pas passer! Accompagnés du P. Sacleux, qui veut bien se faire notre aimable cicérone, nous parcourons la ville. En quittant les constructions basses de la douane,

où se voient d'importants stocks de défenses d'éléphant, — Zanzibar est l'entrepôt de l'ivoire de la région des lacs — nous entrons dans un dédale de rues étroites et tortueuses. Au milieu des murs blanchis à la chaux se creusent de petites baies noires : échoppes d'Indiens vendant de la quincaillerie, de l'épicerie, des denrées locales, des oranges, du clou de girofle, principal produit du pays. Des Goanais, tout à la fois chapeliers, tailleurs et parfumeurs, tiennent des boutiques plus importantes, tandis que des Banians repoussent l'or et l'argent en d'assez jolis travaux d'orfèvrerie.

La grand'rue, un peu plus large qu'une ruelle, est éclairée par quelques magasins tenus par des Européens.

La police anglaise a grand'peine à obtenir un peu de propreté dans ces rues poussiéreuses ou boueuses, suivant la saison. Au travers de ce dédale grouille une population des plus hétéroclites : des nègres de l'intérieur vêtus d'un bout de cotonnade et portant des fardeaux croisent des Souahelis de toutes nuances. Ce sont des métis de races diverses, musulmans pour la plupart, couverts de loques ou habillés de longues chemises blanches, la tête nue ou ornée d'un fez crasseux. Les femmes, drapées dans des pagnes à fond sombre ornés de dessins à grands ramages, venant en droite ligne de Hambourg, passent, faisant saillir leurs hanches et se dandinant, une cruche d'eau ou un panier de fruits sur la tête.

Plus loin, la rue est entièrement

PLANTATION DE GIROFLIERS (PAGE 388). — D'APRÈS UNE PHOTOGRAPHIE.

barrée par trois Arabes marchant de front. On sent qu'ils sont ici chez eux et tiennent le haut du pavé. Le Souaheli comme le nègre s'efface pour laisser passer le maître. Ce sont ordinairement de beaux hommes, ces Arabes aux traits réguliers et froids, à la barbe noire ou rougie par le henné. Ils passent fièrement, le chef entouré d'un turban plus ou moins voyant, le corps drapé dans un vaste cafetan. Ce long vêtement dont le col est orné de larges broderies d'or ou d'argent les grandit encore et augmente leur ampleur. Une ceinture de soie, tissée de fils d'or, leur sert à supporter un poignard de forme courbe se détachant bien, au milieu du ventre, sur leur longue chemise blanche.

Les Goanais, dans les veines desquels coule du sang portugais, sont mieux bâtis et plus forts que les Hindous : de taille moyenne, le teint brun et basané, la chevelure plate et noire, ils se vêtent comme les Européens, et aiment assez à se considérer comme tels. Ce sont eux qui tiennent les principaux magasins.

Quelques Parsis, à la coiffure bizarre et tronquée, quelques Persans, enrôlés dans les troupes du Sultan, croisent aussi dans la rue les rares Européens qui résident à Zanzibar.

Les principaux édifices sont : le Palais du Sultan, l'Hôpital français et la maison que les Pères Blancs viennent de faire construire pour servir de pied-à-terre et de point de départ aux courageux missionnaires qui vont dans l'Ouganda.

L'Hôpital français est dû à une femme de bien, à une Française, Mme Chevalier. Elle a consacré la majeure partie de sa fortune à cette construction. Les Européens y sont fort bien soignés par des religieuses, « les Filles de Marie », particulièrement recrutées parmi les créoles de la Réunion et de Maurice. Les noirs y trouvent également secours et soulagement. Attenant à l'hôpital s'élève une école où les sœurs s'occupent d'un certain nombre de petites filles — orphelines ou arrachées à l'esclavage — venant de divers points du continent noir.

La campagne de Zanzibar, avec ses petites maisonnettes en terre battue recouvertes de chaume et abritées sous d'épais ombrages, est fort jolie.

La route que nous suivons court au travers des bananiers, des cocotiers, des manguiers, des orangers. Autour des cases, les pois d'Angola, les pieds de gombos et divers autres légumes se montrent nombreux. Plus loin de petites habitations perdues au milieu d'une forêt de cocotiers dont les vertes palmes se balancent au moindre souffle, semblent se cacher au fond d'un nid de verdure. Le sentier court maintenant au travers de terres incultes couvertes de brousse; l'air se charge de parfums et nous débouchons tout à coup dans une plantation de girofliers.

Près d'un groupe de quelques cases, au centre d'un carrefour, un arbre orné de loques au pied duquel se voient des bananes et des oranges : c'est un *M'zimou*. Les noirs nomment ainsi un endroit ou un arbre fréquenté par les mânes d'un ancêtre. Pour se les rendre propices et obtenir d'eux certaines faveurs, la guérison d'un malade, par exemple, on leur apporte des présents.

Notre promenade se continue le long du rivage, recouvert par endroits d'une épaisse couche de pierres ponces apportées ici par les flots, en quantité énorme, à la suite de l'éruption du Krakatoa, et nous rentrons avec la nuit, tandis que de nombreux essaims de lucioles piquent de mille feux l'obscurité croissante.

Le vendredi est le dimanche des musulmans ; aussi Zanzibar semble-t-il plus vivant ce jour-là. Dès sept heures et demie du matin, les troupes de police, nu-pieds, vêtues de cachou, et les troupes régulières, chaussées, portant un uniforme blanc et armées de fusils Martini Henry, traversent la ville, précédées d'une musique criarde, pour aller saluer le Sultan. Ce devoir accompli, elles s'en retournent à leur caserne accompagnées par la musique goanaise du souverain. Les musiciens sont coiffés du casque blanc à pointe. Cette musique, quoique bien meilleure que la précédente, ne vaut pas grand'chose. L'hymne du Sultan, calqué sur le *God save the Queen* et le *Tar ra ra boumbey*, sont ses morceaux de prédilection.

Le soir, vers 5 heures, même cérémonie. Les troupes vont se ranger devant le palais et la musique joue l'hymne du Sultan, que celui-ci écoute debout sur son balcon.

Sous les ordres d'un officier anglais, une centaine de soldats noirs font l'exercice : maniement d'armes, escrime à la baïonnette, etc. ; ce spectacle est, paraît-il, la distraction favorite de Ben Thuen.

Autour du palais, des prisonniers, les fers aux pieds, travaillent dans les rues, et des femmes, reliées les unes aux autres par des carcans de fer, les jambes également garnies de chaînes, portent des bottes d'herbe pour les chevaux du Sultan, ou se livrent à divers travaux.

Depuis 1890, les Allemands ont renoncé à leurs droits sur Zanzibar en faveur de la Grande-Bretagne. Les Anglais sont les véritables maîtres de l'île, et Mohamed Ben Thuen, sultan de Zanzibar, n'est plus, entre leurs mains, qu'une sorte de rajah touchant une pension annuelle de 300 000 roupies.

D'un autre côté, il n'a pu faire autrement que d'accepter, de la part des Allemands, 5 000 000 de marks en compensation de l'abandon de tous ses droits sur la portion de côtes attribuée à l'Allemagne par la convention du 23 novembre 1886. Cette convention, signée entre l'Allemagne et l'Angleterre, fixait les possessions propres du Sultan. Elle délimitait en même temps les sphères d'influence anglaise et allemande par une ligne idéale partant de l'embouchure de la rivière Ouanga et se dirigeant sur le lac Victoria, après avoir contourné

PANORAMA DE MOMBAZ. — DESSIN DE BOUDIER.

PETITES NÉGRESSES ÉLEVÉES PAR LES FILLES DE MARIE. — D'APRÈS UNE PHOTOGRAPHIE.

le massif isolé du Kilima Ndjaro. La partie Sud, comprenant ce massif montagneux, devenait la part de l'Allemagne la partie Nord celle de l'Angleterre.

Le 10 juin nous prenons passage sur le *Parulia*, et le lendemain, après seize heures de navigation, nous jetons l'ancre devant Mombaz. Le F. Vincent, venu à notre rencontre, nous conduit à la Mission où nous trouvons près du P. Ball la plus cordiale hospitalité.

Mombaz est un point de la côte africaine connu depuis longtemps, car, bien avant Mahomet, les Arabes fréquentaient ce port qui, un peu plus tard, fut connu des Persans.

En 1409, après la prise de Zanzibar, le Portugais Ravasco imposa un tribut à Mombaz. Depuis, le pays eut à subir de nombreuses crises, et la ville, plus d'une fois, fut assiégée et brûlée.

La vieille forteresse, le seul monument actuel, fut commencée en 1587 par Mathias d'Albuquerque et terminée en 1594 par Francisco de Gama. Sa masse imposante et ses fières murailles, bien que ruinées en partie, attestent encore hautement aujourd'hui l'importance de l'occupation portugaise.

Couronnant de petites falaises de coraux, Mombaz s'étend en longueur sur le bras de mer qui la sépare de Frere-Town. Ses maisons se dressent à dix ou douze mètres au-dessus de l'eau, détachant la blancheur de leurs façades sur un fond de verdure ou sur l'azur des flots.

Du côté de la pleine mer se trouvent la douane et tous les bâtiments occupés par les quelques rares Anglais résidant ici. Ce sont, en grande partie, des agents de l'*Imperial British East Africa Company*. Le port de Mombaz est le point de départ et d'arrivée des importantes caravanes qui vont dans l'Ouganda au compte de la Compagnie, pour en rapporter divers produits et en particulier l'ivoire.

Les rues de cette partie de la ville sont bordées par des boutiques d'Indiens et divers magasins, entre autres ceux de M. Dick, qui veut bien se charger de la formation de notre petite caravane.

Plus au centre, la Mission et la mosquée méritent seuls une mention. Tout le reste ne comporte que des cases de torchis et de feuilles de cocotier habitées par les Arabes, les Indiens, les Souahelis et les métis. Les ruelles qui desservent ces habitations sont ravinées par les pluies, et les parfums qui s'en exhalent sont des plus variés mais des moins suaves.

Quelques métiers à tisser fort primitifs sont les seuls indices d'industrie.

Le soir, à la tombée du jour, nous allons prendre le frais sur la terrasse de la Mission. De ce point élevé, un très beau panorama se déroule sous les yeux : au premier plan, le bras de mer encadré de verdure. Ses bords, actuellement découverts par la marée basse, montrent les alignements de branches sèches plantées en haies convergeant vers un réduit central. Le poisson, quand la mer se retire, suit ces alignements et se trouve pris. Ce sont les pêcheries. Tout près encore, les cases de Mombaz serrant les unes contre les autres leurs toitures recouvertes de feuilles de cocotier et dominées par le minaret peu élégant de la mosquée, et dans le lointain la campagne verdoyante sur laquelle se détachent les hauts plumeaux des cocotiers et les masses sombres des manguiers.

Mombaz est le point de départ du futur chemin de fer qui doit relier l'océan Indien au Victoria Nyanza et à l'Ouganda. Les travaux ont été commencés. Une ligne ferrée passant par Kilindini, autre port de l'île pouvant abriter les plus gros navires, pousse ses rails vers l'intérieur.

Une bonne partie de l'île est inculte et couverte d'une brousse fort épaisse dans laquelle des antilopes, des cochons sauvages et des hyènes vivent très abrités.

Mombaz compte environ 1 000 habitants, musulmans pour la plupart. C'est un centre important d'influence protestante, et les sectes, appuyées par l'Angleterre, tant au point de vue politique que religieux, y sont puissantes. On pourrait peut-être y trouver le point de départ des troubles qui ont si profondément bouleversé l'Ouganda.

Le gouvernement anglais, autrement pratique que le nôtre et ne craignant pas, sans doute, de sombrer sous une accusation de cléricalisme, sait tirer parti de ses missionnaires. Ceux-ci, tout en lisant la Bible aux indigènes, ne se contentent pas, quand il y a une influence française voisine à combattre, de porter la bonne parole : ils sèment aussi les calomnies et les faussetés, non pas contre le catholicisme, mais contre la religion française. Il est, en effet, une chose dont chacun doit être convaincu : c'est que, passé le canal de Suez, il n'y a ni religion catholique, ni religion protestante : il y a la religion française et la religion anglaise. Les missionnaires catholiques, fussent-ils Anglais, les pasteurs, fussent-ils Français, seront toujours considérés par les indigènes, les premiers comme des ministres de la religion française, les seconds comme les porte-parole de la religion anglaise.

Les Anglais savent parfaitement se servir de l'influence de leurs ministres et ils les encouragent largement. Quant à nous, nous ne savons pas — ou plus exactement nous n'osons pas — nous servir des nôtres : bien souvent, au contraire, il semblerait que, frappés de folie, nous prissions plaisir à entraver leur œuvre civilisatrice et patriotique.

Pour éloigner les indigènes de l'influence française, les Révérends anglais, qui sont des hommes instruits, ne peuvent certes pas leur raconter de bonne foi : que les catholiques romains *adorent une femme*, alors qu'il n'y a qu'un Dieu ; qu'ils *adorent* des images et des ossements, tandis que Dieu le défend dès le premier commandement, ou que c'est un grand péché d'aller chez les Français et de les écouter. Quelques jours après notre arrivée à Mombaz, l'homme chargé du boutre de la Mission, vient un matin, accompagné d'un enfant qu'il a

LA VIEILLE FORTERESSE PORTUGAISE DE MOMBAZ (PAGE 589).
DESSIN DE BOUDIER, D'APRÈS UNE PHOTOGRAPHIE.

trouvé couché dans l'embarcation. Le petit bonhomme (il doit avoir à peu près dix ans) n'a pas l'air rassuré du tout. Son histoire est simple : il ne connaît ni son père ni sa mère, et a été vendu comme esclave, à Pemba, à un maître mort depuis, sans héritier. Amené à Mombaz, il a été attiré, avec deux autres gamins de son âge, par un Arabe qui, leur ayant promis des dattes, les a enfermés chez lui. Un de ses camarades a déjà été vendu ; quant à lui, profitant d'un moment où la porte était ouverte, il s'est sauvé. Depuis plusieurs jours il vit de détritus ramassés au marché et couche dans le boutre de la Mission. Le P. Ball lui fait donner à manger et le garde.

Le lendemain, une lettre de M. Pigott, directeur de la British East Africa Company, apportée par un soldat qu'accompagne le maître de l'enfant recueilli, invite le missionnaire à le remettre entre les mains de l'Arabe.

EUPHORBE CANDÉLABRE — DESSIN DE GOTORBE, D'APRÈS UNE PHOTOGRAPHIE.

Pour tourner la difficulté on décide de faire sortir le pauvre enfant par une porte de derrière, en lui recommandant de se trouver, le lendemain, à un endroit déterminé, sur le passage de notre caravane. Aussi, grande est notre surprise, dans l'après-midi, de revoir le petit bonhomme, coiffé d'un fez tout neuf, présent de son maître, chez lequel il était retourné tout droit. Celui-ci le renvoyait à la Mission pour y gagner des pésas, dans le cas où l'on voudrait bien l'employer. Le P. Bali, qui s'était tant ému au sujet de cet enfant, est navré de ce dénouement.

Tous nos bagages ont été répartis en charges de trente kilogrammes. En outre des porteurs et des askaris (hommes armés chargés de défendre la caravane), M. Dick s'est chargé de nous fournir le linge, les perles et les objets nécessaires pour les échanges.

Nous sommes prêts à nous mettre en route.

Sur sa recommandation, nous prenons comme chef de caravane Souedi. Ce métis arabe a déjà accompagné plusieurs Européens dans des excursions de chasse ; il connaît les endroits giboyeux et nous montre de fort bons certificats. Un autre métis, du nom d'Horace Night, parlant assez bien l'anglais et cuisinant passablement, est engagé comme maître-coq. Noa et Antoine, ce dernier élevé par les missionnaires, nous accompagnent comme boys. Antoine, charpentier de son état, parle passablement le français.

Partis en boutre de Mombaz, le dimanche 24 juin, à neuf heures un quart, nous arrivons vers une heure près de Rebaï où nous retrouvons la première moitié de notre caravane, une trentaine d'hommes environ, partis une heure ou deux avant nous. La seconde partie, sous les ordres de Rubini, chef des askaris, nous rejoindra dans quelques jours. Après une heure de marche, nous établissons notre premier campement au sommet d'une colline située à une certaine distance de Rebaï.

Le pays traversé est très accidenté. Les cocotiers, fort nombreux, donnent en abondance aux indigènes le vin de palme, le *combo* de Rebaï, dont la réputation s'étend fort loin. C'est le grand commerce du pays. Ce timbo est la boisson préférée des indigènes, en général, et des porteurs, en particulier ; fermentée, elle est très alcoolique ; aussi défendons-nous formellement aux hommes de quitter le camp, de crainte qu'ils n'aillent s'enivrer.

Les quelques cases qui se trouvent près de notre campement sont de forme rectangulaire et le toit descend jusqu'à terre. Leurs habitants, les Nyikas, sont à peu près nus ; les femmes ont pour vêtement une pièce d'étoffe fixée à la ceinture, formant deux volants et tombant jusqu'aux genoux.

Le lendemain, nous reprenons notre marche sous un ciel couvert, au travers d'un pays accidenté et verdoyant. A M'Kadiembé, où nous comptions nous arrêter, il n'y a qu'un peu de vase liquide ; aussi poussons-nous jusqu'à M'Koulouni, où l'eau est plus abondante et un peu moins bourbeuse.

Le jour suivant, nous campons près d'un creux contenant encore un peu d'eau trouble, en un lieu appelé Gorah. Le P. Bali, qui a bien voulu nous accompagner, ne pouvant aller plus loin, il est décidé que nous ne reprendrons notre route que dans deux jours.

Le surlendemain, à quatre heures du soir, nous dressons nos tentes à Sambourou. L'eau que les pluies y ont laissée dans une sorte de cuvette rocheuse est absolument infecte. C'est une purée verdâtre où les déjections d'animaux se mêlent aux matières végétales. On aurait horreur d'y plonger ses pieds et c'est pourtant ce qu'il faut boire. Après un certain nombre de manipulations, nous finissons par tirer de cette vase alunée, bouillie et filtrée, un liquide à peu près buvable, quand on a soin de ne pas le regarder au travers d'un verre de cristal.

Nous sommes ici dans le Dourouma, région habitée par les Oua Dourouma, de la grande tribu des Nyikas. Ces primitifs traînent une misérable existence, toujours hantés par la crainte des Massaï, ces pillards de toute cette partie de l'Afrique Orientale. Cependant, depuis deux ou trois ans, leur audace commence à diminuer, à la suite des vertes leçons que les Allemands leur ont infligées.

La brousse du *Dourouma* n'est point attrayante : les arbres y sont petits, rabougris, épineux, tordus et contrefaits. Sur la majorité des arbustes, les épines remplacent les feuilles, accrochant au passage l'imprudent qui veut quitter le sentier battu courant dans des herbes, déjà desséchées et jaunies, à cette époque de l'année. Parmi les cycadées, les aloès et une quantité de végétaux qui nous sont inconnus, se dresse, en maints endroits, cette grande euphorbe dont les branches, dépourvues de feuilles, s'implantent au tronc comme les bras d'un candélabre.

La poursuite du gibier, dont on ne voit que les traces, nous conduit, après deux heures de marche, à un petit campement de Dourouma. Ils sont là quatre ou cinq, à peu près nus, accroupis autour d'un feu, comme vêtement, un morceau d'étoffe autour des reins ; quelques bracelets et colliers de grains de cuivre ou de verroterie, des boucles d'oreilles, faites de chaînettes de cuivre ou d'un morceau de bois ou d'os, leur servent d'ornements. A portée de la main, l'arc et les flèches. Ils surveillent attentivement la cuisson de petits morceaux de viande enfilés à des brochettes de bois plantées obliquement tout autour du foyer; maigre dîner de chasseurs, fourni par un chat sauvage dont la dépouille, étendue par terre et maintenue par de petits piquets de bois, sèche au soleil. Tout à côté, assis sous des dracénas, un autre Dourouma

UN TROU D'EAU. — D'APRÈS UNE PHOTOGRAPHIE DE L'AUTEUR.

passe, en les comprimant, de longues tiges herbacées entre les deux parties d'un morceau de bois fendu. Débarrassée de toute sa partie aqueuse, chaque tige lui donne un paquet de fibres blanches qui, tordues ensemble, serviront à confectionner des cordes assez solides.

Nous ne devons pas être loin d'un village, car nous voyons bientôt deux ou trois femmes revenant de l'eau disparaître dans la brousse, tout près de nous. J'en suis une, à distance, pendant quelques instants, et ne tarde pas à m'enfoncer sous un tunnel de brousse épineuse, tunnel bas, étroit, tortueux, courant au milieu de massifs impénétrables et dans lequel le Massaï le plus hardi ne s'aventurerait pas avant d'avoir profondément réfléchi. C'est au milieu de semblables fourrés que les Dourouma vivent cachés, par petits groupes, craignant toujours une attaque inopinée des Massaï pillards.

Le 30 juin, à six heures et demie du matin, nous quittons Sambourou. Le pays a une légère tendance à s'élever, mais la nature s'y montre marâtre : pas une goutte d'eau, partout de la brousse sèche, épineuse. Par-ci par-là, les arbres rabougris se resserrent pour former de petites forêts coupées de clairières. A mesure que nous avançons, les affleurements de grès deviennent plus fréquents, et à midi nous dressons pour deux jours nos tentes à l'aiguade de Taro, connue aussi sous le nom de *Ziona* (trous d'eau) d'Ariangoulo.

Cette aiguade de Taro est fort importante pour les caravanes, car sans elle il ne leur serait guère possible d'atteindre le Taïta. Et pourtant il n'y a là aucun cours d'eau. De vastes cavités creusées par la nature dans le grès, d'un grain très grossier et de couleur grise, ou bien quelques fissures du roc, sont les seuls réservoirs où s'accumulent les eaux pendant la saison des pluies. Tout près du campement, au bord du sentier, deux énormes blocs de grès ne montrent plus que des réservoirs desséchés. Les caravanes qui nous ont précédés ont été au plus près et les ont épuisés.

A une demi-heure de marche du camp, nous trouvons de larges nappes rocheuses, forées de nombreuses cavités parfaitement régulières, comme ces marmites creusées après de longs siècles dans certaines roches par le remous des torrents. Ici également, je crois que l'on peut attribuer au lent travail des siècles, de l'eau et de la végétation, la formation de ces chaudières par la désagrégation du grès. L'homme, certainement, a dû y contribuer aussi, mais dans une bien faible proportion, en nettoyant, en débarrassant ces cavités des produits de la désagrégation, et en offrant, de cette façon, une surface plus nette, plus vaste, aux constants efforts de la nature.

De larges fissures et deux fortes dépressions du rocher renferment aussi de l'eau, mais la végétation a envahi ces cuvettes et les a transformées en marécages.

Dans ces chaudières, dont quelques-unes ont 2ᵐ,50 de profondeur, nous trouvons une eau claire, fraîche et abondante. Aussi, dans la soirée, nous délassons-nous dans les délices d'un lavage en grand.

L'arrivée d'un groupe de Taïta venant de Kibocho, et qui campe près de nous, apporte de l'animation; animation qui s'accroît encore vers le soir quand nous voyons arriver la deuxième partie de notre caravane, qui se trouve actuellement au complet.

Le 2 juillet, à six heures du matin, nous levons le camp. La route sera longue et pénible, car le prochain point d'eau est dans les montagnes de Maoungou, à seize bonnes heures de marche. La monotonie de la route est rompue, dans l'après-midi, par la rencontre d'un campement sur le bord du sentier : c'est un missionnaire écossais, protestant, le R. Watson, qui, souffrant, rentre à Mombaz. Il nous invite à prendre une tasse de chocolat, ce que nous acceptons avec plaisir.

A la tombée du jour nous arrêtons en pleine brousse pour dîner et nous reposer un peu.

La nuit est noire. Étendu sur mon lit de camp, je laisse ma pensée se reporter à trois mois en arrière; je me revois sur les grands boulevards de Paris au milieu de la foule, de la civilisation, entouré de toutes les élégances, de toutes les facilités de la vie ; les orangeades glacées du café de la Paix me reviennent surtout très nettement en mémoire, quand mes yeux s'arrêtent sur nos deux récipients en zinc où croupit un peu d'eau tiède. Et cependant, tout bien considéré, je me prends à penser que le spectacle présent à mes regards, s'il semble moins beau, n'en est que plus original et plus grandiose. La liberté absolue dont nous jouissons, l'espace immense qui nous entoure et qui nous appartient, valent mieux que les rues étroites des villes où toutes les actions de l'homme sont enveloppées dans un réseau de lois plus ou moins arbitraires.

A deux heures du matin, nous nous remettons en route, tandis que, à quelque distance, on entend, par intervalles, la basse rauque de messire lion en train de chasser. Cette marche de nuit est assez pénible, coupée d'arrêts, mais il faut arriver de bonne heure au point d'eau, les hommes commençant à souffrir sérieusement de la soif. Il fait jour quand nous quittons le grand chemin allant de Rebaï dans l'Ouganda, route tracée tout dernièrement par un Anglais, M. Wilson. Ce commerçant essaye, en effet, de remplacer le transport à tête d'homme par le transport en charrette à bœufs, des objets destinés à la région des grands lacs.

Le petit sentier dans lequel nous nous engageons tourne et retourne sur lui-même d'une façon désespérante et double la route. Enfin, après avoir traversé une brousse très dense et grimpé un peu, nous arrivons vers neuf heures à une sorte de plate-forme, au pied de la montagne de Maoungou, d'où la vue s'étend sur l'immense plaine de Malago-Kanga (demeure des pintades).

Les porteurs, après avoir déposé leurs charges, se couchent épuisés. Les gourdes sont vides depuis longtemps et la soif se fait impérieusement sentir; aussi les askaris, qui n'ont eu que leur fusil à porter et, par conséquent, sont les moins fatigués, partent-ils tout de suite, chargés de récipients, à la recherche de l'eau, tandis que l'on dresse le camp. L'eau — et quelle eau sale !

CASES À REBAÏ. — DESSIN DE BOUDIER, D'APRÈS UNE PHOTOGRAPHIE DE L'AUTEUR.

— est à deux heures de marche du campement. Pour y parvenir, il faut escalader la montagne au pied de laquelle nous sommes, et suivre une crête fort accidentée. On arrive alors à des trous ressemblant à ceux de Taro, et dans lesquels se trouve encore de l'eau verdâtre. Donc, quatre heures de marche et d'escalade pour rapporter un peu de cet infect liquide, que les hommes boivent avec délices.

Notre campement, gentiment établi à flanc de montagne, a une certaine allure. Il comporte trois grandes tentes et dix-sept petites.

Comme personnel : MM. Gautier et Chanel; — Antoine et Noa, boys; — Horace Night, cuisinier; — Souedi, chef de caravane; Rubini, chef des askaris; — 6 askaris armés de Sniders; — 57 porteurs, dont 20 armés de fusils, ayant des charges d'environ 62 à 70 livres. Vu l'état de fatigue des hommes, il est décidé que la journée du lendemain sera consacrée au repos. De bonne heure, le soir, tous bruits s'éteignent et le camp s'endort sous la voûte étoilée, à la grâce de Dieu. Personne, je crois, n'a dû veiller cette nuit sur notre sécurité.

Le matin, de notre campement, qui domine la plaine, nos hommes nous montrent cinq girafes en train de brouter les arbres. Nous partons aussitôt en chasse, mais comme il nous faut plus d'une demi-heure pour arriver à l'endroit où elles ont été aperçues, nous ne les retrouvons pas. Peu après nous être séparés en vue d'augmenter nos chances, j'entends Gautier tirer, puis siffler pour m'appeler. Il a rencontré un troupeau de *Congonis Alcelaphus Cokii*, et a fait coup double, tuant deux belles antilopes de la grosseur d'un cerf, avec des cornes rappelant de loin celles du bœuf. La bonne nouvelle est vite arrivée jusqu'au camp, et tous les hommes accourent joyeux. Les bêtes sont découpées sur place, et chacun s'en retourne chargé de viande.

Après le déjeuner, laissant Gautier se reposer, je pars dans l'intention d'aller jusqu'au point d'eau. Dès les premiers pas, il faut grimper presque verticalement par un sentier de chèvre

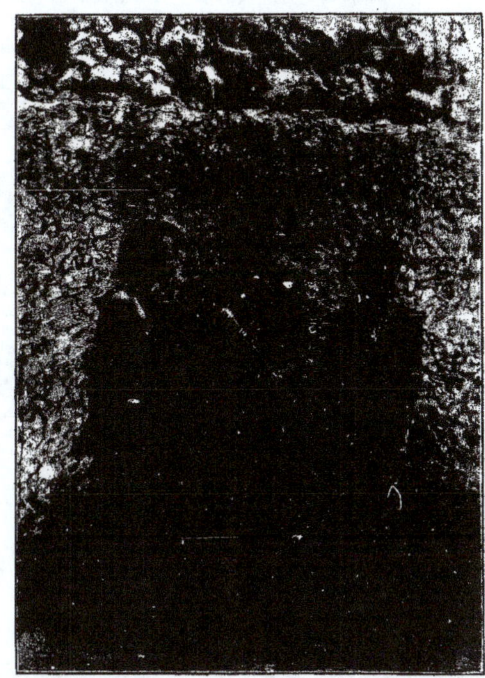

TYPES DE TAÏTA. — D'APRÈS UNE PHOTOGRAPHIE DE L'AUTEUR.

obstrué de lianes et de racines d'arbres. Enfin, après trois quarts d'heure d'une ascension des plus dures, j'arrive au sommet de la montagne. Le coup d'œil est magnifique. A quelques centaines de mètres à mes pieds s'étend, à perte de vue, la vaste plaine du Malago Kanga, immense, parsemée d'arbres rabougris et donnant l'impression d'un champ de pommiers, champ qui serait limité en partie, à une vingtaine de kilomètres, par de petites chaînes de montagnes et qui, d'autre part, s'étendrait au delà de l'horizon. C'est le *pori*.

Le lendemain, accompagnés seulement de nos boys, nous quittons le campement de Maoungou. Le sentier que nous suivons se tord comme un serpent; un arbre renversé, une branche épineuse, une touffe d'herbe trop dense, le moindre obstacle enfin, le font se contourner en lacets infinis qui triplent la route. Certainement le noir doit avoir une antipathie profonde pour le droit chemin. Même en terrain absolument plat et découvert, un sentier de noir n'aura jamais plus de dix mètres en ligne droite.

Pendant quatre heures que dure la traversée du Malago Kanga dans sa plus petite largeur, nous serpentons ainsi sur une terre jaune, à l'argile fortement sablonneuse. Les arbres, surtout des mimosées, n'ont presque pas de feuilles, à cette époque de l'année, et les herbes desséchées, brûlées en bien des endroits, laissent voir un sol dur et altéré.

Le soir, nous campons à N'Dara. Ici, comme à Maoungou, l'eau est dans la montagne, à deux heures de l'endroit où sont dressées les tentes.

Dans la matinée du 6 juillet, après avoir vainement attendu et fait rechercher un des deux hommes envoyés hier soir à l'eau, nous reprenons notre marche en avant, un askari portant la charge de l'absent.

La caravane contourne en partie la montagne de N'Dara, dont l'aspect, rappelant celui d'un vieux château fort, nous avait frappé depuis Maoungou. Cette montagne est habitée par des Taïta.

Après quatre heures de marche, nous faisons une halte à M'Coulouni.

Notre cuisinier, Horace Night, s'est choisi un troisième esclave dans la caravane. Il est en train d'initier sa nouvelle recrue, d'un ton qui n'admet nulle réplique, aux secrets de l'épluchage des pommes de terre. Il faut avouer qu'il a un talent tout particulier pour se faire obéir des autres : il en obtient certainement plus que nous n'en pourrions obtenir nous-mêmes.

Outre le salaire des hommes, qui est de dix roupies par mois pour un porteur, et de douze pour un askari, il faut aussi les nourrir ou leur fournir l'objet d'échange pour acheter, en route, les aliments nécessaires. La monnaie courante par excellence, dans toute cette partie de l'Afrique, est le calicot blanc de qualité inférieure. Il est d'usage de donner huit coudées d'étoffe, pour sept jours, à un porteur, et douze coudées aux askaris. Ce subside s'appelle *pocho*. Souedi nous ayant prévenus que les hommes avaient épuisé les provisions apportées de Mombaz, nous leur faisons distribuer le *pocho*.

Une fois en possession de leur viatique, nos porteurs, comme de grands enfants, s'empressent d'en échanger une bonne partie, sans souci du lendemain, contre des cannes à sucre apportées par des femmes taïtanes, accourues au coup de fusil annonçant qu'une caravane désirait se ravitailler.

Vers deux heures, au moment où nous repartions, nous sommes rejoints par notre porteur d'eau, égaré depuis hier. Il nous explique que, surpris par la nuit et ne voyant plus du tout (cas assez fréquent chez les noirs, dès que la nuit est tombée), il avait été obligé de s'arrêter et de coucher dans la montagne.

Le soir, nous campons en pleine brousse pour repartir le lendemain à six heures du matin.

Après avoir franchi la rivière de Mataté la route devient pénible ; elle suit les pentes très raides d'un des premiers contreforts du massif de Boura, puis descend et remonte successivement pour contourner trois ou quatre autres contreforts. Partout ce ne sont que rochers, arbres rabougris et tristes. Enfin nous entrons dans une profonde et étroite vallée couverte de verdoyantes bananeraies, de champs de cannes à sucre ou de pois d'Angola qu'une petite rivière arrose, et à deux heures de l'après-midi, nous arrivons à la Mission catholique française de Boura.

Annoncés par une lettre de Mgr de Courmont, le P. Mével, supérieur de la Mission, le P. Muller et le F. Solanus nous reçoivent avec la plus grande cordialité. Les bons Pères sont encore plus heureux que nous de voir des visages blancs, et surtout des Français, car nous sommes les premiers, je crois, à part les missionnaires, à pénétrer dans cette région.

(*A suivre.*)

JOSEPH CHANEL.

MISSION CATHOLIQUE DE MOMBAZ (PAGE 389). — DESSIN DE BOUDIER.

CARAVANE DE TAÏTA DEVANT LA MISSION DU BOURA. — DESSIN DE MIGNON, D'APRÈS UNE PHOTOGRAPHIE.

VOYAGE AU KILIMA NDJARO[1]
PAR M. JOSEPH CHANEL.

II

La Mission du Boura. — Les Taïta. — Le port de Serengeter. — Le lac Djipé. — La forêt de Taveta.

RETOUR DE CHASSE.
DESSIN BOULEVAY,
D'APRÈS UNE PHOTOGRAPHIE
DE L'AUTEUR.

La Mission de Boura, ou Mission du Taïta, se trouve à peu près à mi-chemin entre la côte et le Kilima Ndjaro. Assise sur l'un des plateaux de la large vallée de Baraoua, elle domine une région saine et peuplée, où l'islamisme et le protestantisme n'ont pas encore pénétré.

Fondée depuis seize mois à peine, cette Mission est encore à ses débuts et se compose de quatre ou cinq maisonnettes à la toiture de chaume et au parquet de terre battue. Les Pères sont en train d'édifier une maison plus importante, comportant un étage, chose inconnue dans cette région. La chapelle provisoire est une misérable cahute en torchis dont les murailles menacent de s'écrouler.

Un canal amenant l'eau de la montagne vient arroser le jardin potager, dont nous mangeons avec délices les salades et les haricots. Malheureusement les orangers, les jacquiers et les manguiers importés par les missionnaires et plantés depuis peu n'ont pas encore de fruits.

L'aspect du pays est des plus pittoresques. Sur les flancs verdoyants des montagnes, formant autour de nous une vaste ceinture, paissent des troupeaux de bœufs, de moutons et de chèvres. Des groupes de quelques cases chacun, disséminés sur les pentes ou sur les sommets, sont autant de petits villages taïta piquant d'une note plus claire la teinte sombre de la forêt ou de la brousse qui les environne.

De profondes vallées, arrosées par de frais cours d'eau dont quelques-uns tombent en cascades, séparent collines et montagnes. Des bananeraies, des plantations de patates douces, de millet, de manioc, les recouvrent d'un verdoyant manteau.

1. Suite. Voyez p. 385.

Malheureusement les sauterelles viennent de s'abattre sur ce pays. Soir et matin elles passent en nuages épais, donnant l'impression de la neige qui tombe. Aussi prévoit-on la famine pour l'année prochaine.

Accompagnés du P. Mével, nous visitons les agglomérations de cases qui entourent la Mission, et, grâce au missionnaire que tous connaissent, nous arrivons à vaincre la terreur de quelques Taïta au point de les décider à poser devant l'objectif. Beaucoup d'entre eux cependant, persuadés que nous voulons nous emparer de leur âme, se sauvent dès que l'appareil sort de son sac. Plus d'une fois aussi, j'entends des femmes, que la promesse d'un ou deux rangs de perles avait décidées à poser, dire tristement au Père, en s'en allant : « Je mourrai cette année ! » Il y a en effet peu de peuples plus superstitieux et plus craintifs que les Taïta ; aussi les sorciers sont-ils, chez eux, les premiers personnages de l'État.

Notre bonne chance nous conduit justement à un groupe où l'un de ces sorciers-médecins est en train d'opérer. Assis ou accroupis devant la case, la famille et quelques amis d'une jeune fille malade entourent celle-ci, que le sorcier marque au front, aux joues, au cou, à la saignée des bras et aux poignets, de petites raies noires faites avec les cendres de divers végétaux. Un des parents vient d'étouffer une chèvre ; elle sera ouverte, encore palpitante, et le sorcier, nouvel augure, après avoir consulté les entrailles et compté le nombre des contractions de la masse intestinale, dira si la jeune fille doit guérir ou non.

Un peu plus loin, un autre groupe fort accueillant nous invite à goûter à sa cuisine. Autour de trois pierres formant foyer, et supportant un vieux débris de poterie dans lequel des sauterelles privées de leurs pattes et de leurs ailes cuisent à feu doux, sont accroupis ou debout une dizaine d'hommes et de femmes. En causant avec eux, par l'intermédiaire du Père, j'ai tout loisir de les considérer : les hommes sont plutôt petits et maigriots, ce qui ne les empêche pas, avec leurs membres grêles, de supporter de longues dures fatigues. Les femmes, au contraire, habituées aux travaux des champs, sont plus solidement bâties et leurs

muscles plus forts. La cotonnade blanche de mauvaise qualité — monnaie courante dans toute cette région — leur sert à se vêtir. Pour n'avoir plus crainte de salir leur vêtement et se dispenser de le laver, ils le malaxent avec une terre jaune ocre imbibée d'huile. Comme leur grande toilette consiste également à se beurrer de la tête aux pieds et à se frotter ensuite avec la terre rouge du Kilima Ndjaro — terre qui constitue le principal objet de toilette des Taïta, des Tchaga et des Massaï — il s'ensuit que le vêtement est absolument de la même couleur que la peau de celui qui le porte. L'un et l'autre, du reste, ne sont jamais lavés. La pluie glisse sur le linge gras et les couches de beurre et de terre se superposent sur l'individu. Aussi sent-on souvent les Taïta avant de les voir.

Tandis que la femme, ayant d'ordinaire la poitrine nue, enroule sa pièce d'étoffe écourtée autour des reins, quand elle ne se contente pas d'un simple et étroit langouti, l'homme l'attache de préférence sur une épaule et la laisse flotter au vent.

Leur chevelure laineuse est séparée en une quantité de mèches tressées et roulées en cordons, le tout convenablement beurré et enduit de terre. Les uns portent toute leur chevelure, les autres la rasent tout autour des tempes, ne gardant sur le sommet de la tête qu'une couronne plus ou moins large.

Beaucoup de femmes portent les cheveux très courts et un certain nombre ont même la tête complètement rasée et ceinte d'un bandeau de petites perles de verre large de quatre ou cinq centimètres. La verroterie est vraiment en faveur près des dames du Taïta ; elles en portent d'énormes charges comme boucles d'oreilles, bracelets, jambières, mais surtout comme colliers et ceintures. Il est de ces ceintures qui comportent deux à trois cents fils de perles. Les colliers, de dimensions exagérées, sont de vrais carcans. Hauts de dix centimètres, formés d'une masse compacte de verroterie, le tout bien imprégné de beurre rance et de crasse, ce sont de véritables réserves où la Taïtane,

MISSION DE BOURA. — DESSIN DE BOUDIER, D'APRÈS UNE PHOTOGRAPHIE DE L'AUTEUR.

dans ses moments de loisir, se livre à la poursuite du gibier que ses dents pointues, aiguisées à la lime, croquent avec satisfaction.

Souvent ces carcans reposent sur cent ou deux cents rangs de perles, tandis qu'une cinquantaine de grands colliers portés en sautoir se croisent sur la poitrine. On peut alors hardiment estimer à une dizaine de kilogrammes le poids de ces ornements.

Chez l'homme comme chez la femme, les oreilles ne sont pas oubliées : verroteries, chaînettes de cuivre ou de fer, rondelles de bois ou d'os; tout est bon à orner le lobe qui s'allonge et s'étire jusqu'à venir parfois toucher les épaules.

Ce bel ensemble est complété par des paupières soigneusement dépouillées de leurs cils, autre marque de beauté chez ce peuple.

Après avoir goûté aux sauterelles cuites à point, ces dames nous ayant montré comment il fallait s'y prendre, en enlevant la tête au préalable, nous sommes obligés d'avouer que ce n'est pas mauvais ; on croirait manger des bigorneaux.

En allant dans un autre village, nous croisons des Taïta revenant du pori. Ils sont tous armés de l'arc, et leurs carquois contiennent des flèches empoisonnées qui les rendent redoutables aux tribus voisines. Ils passent, en effet, pour avoir le secret de terribles poisons, et la pointe barbelée de leur flèche est disposée de façon à rester dans la blessure. Un casse-tête, simple tige de bois terminée par un nœud, est passé dans leur ceinture. Un long couteau, étroit à la poignée et allant en s'élargissant vers la pointe, pend à leur côté dans un fourreau de cuir; parfois enfin, une lance complète leur armement.

Suspendue au cou par une chaînette, la tabatière, faite d'une corne d'antilope, repose sur leur poitrine au milieu de colliers de métal ou de verre.

Un rigide carré de peau de chèvre ou de tout autre animal s'étend sur leur dos, servant à la fois de siège et de coucher. Quelques-uns cependant portent, suspendu au bas des reins, un petit tabouret en bois dont le siège en forme d'assiette est supporté par trois pieds sculptés.

Les Taïta, noirs de la race bantoue, vivent à l'état tout à fait libre dans leurs montagnes. Chacun de leurs villages est une petite république absolument indépendante et ne comporte qu'un nombre fort restreint de huttes. Le plus ancien ou le plus notable donne son nom à cette agglomération qui ne forme pour ainsi dire qu'une famille. L'autorité de ce chef est bien peu de chose. Il n'aura guère de chance de se faire écouter qu'en ce qui concerne les superstitions.

Chacun est libre d'agir à sa guise; cependant s'il porte atteinte à la liberté ou aux droits d'autrui, la question, dans les cas difficiles, est jugée par un conseil composé des anciens du village et chargé de faire observer les us et coutumes de la tribu. On peut dire que tout ici se règle par amende. L'unité monétaire en cette matière, comme dans la plupart des autres, du reste, est la chèvre, cet animal constituant la principale richesse du Taïta. L'homme qui n'a pas de chèvres, qui n'a rien, paiera alors de ses enfants, de sa femme, de lui-même en devenant l'esclave de son créancier.

Le châtiment du vol est une amende représentant six fois la valeur de la chose volée, que le coupable est tenu de payer à la partie lésée.

Quant aux cas de meurtre, ils sont pour ainsi dire inconnus : le Taïta est, en effet, craintif et doux. Un assassinat pourrait être un cas de guerre de village à village, tellement la chose semblerait grave.

Chez ce peuple, superstitieux à l'excès, il n'y a vraiment qu'un homme jouissant d'une certaine autorité : c'est le sorcier. Sa principale occupation est de mettre ses poisons au service de ceux qui le paient pour assouvir leurs rancunes et leurs haines. C'est lui encore qui est chargé de faire tomber la pluie, de guérir les malades, de délivrer les possédés, d'écarter les mauvais sorts. C'est lui toujours qui, dans les cas douteux, quand par exemple un voleur n'est pas découvert ou que la rumeur publique accuse quelqu'un d'avoir jeté un mauvais sort à un autre, mort subitement et par suite pas naturellement pour eux, c'est lui, dis-je, qui au moyen de l'épreuve du *bolongo* doit découvrir le coupable.

Le bolongo est une boisson corrosive composée par le sorcier, laquelle, d'après la croyance des Taïta, peut être avalée impunément par l'innocent, mais brûle infailliblement les lèvres du coupable. — On voit d'ici le parti que le sorcier peut tirer d'un pareil breuvage, car l'individu reconnu coupable d'avoir, par maléfice, déterminé la mort d'un autre, est un homme perdu. Après l'avoir lapidé, on lui attache les pieds et les mains, puis il est étranglé par deux hommes tirant sur une corde passée autour de son cou.

Mais, pour avoir une idée plus exacte de la façon de vivre du Taïta, prenons l'enfant à sa naissance et suivons-le jusqu'à la tombe.

Dans la hutte arrondie dont la carcasse, faite de branches d'arbre, est recouverte d'un épais chaume de feuilles de palmier ou de cannes à sucre, un enfant vient de naître. La pièce où le jeune Taïta fait son entrée dans le monde est bien enfumée, bien sale et bien sombre : une seule ouverture étroite et basse, la porte, l'éclaire d'un jour douteux.

La première préoccupation des parents est de connaître si le nouveau-né doit être heureux ou non : une chèvre est tuée à cet effet et ses entrailles sont consultées.

Jusqu'à ce qu'il puisse commencer à marcher, le petit être ne quitte pas sa mère. Celle-ci, après l'avoir placé à califourchon sur ses reins maintenu par une large pièce d'étoffe, vaque à ses occupations, sans s'occuper de sa progéniture. Dès que l'enfant commence à marcher seul, il

FEMME TAÏTA. — D'APRÈS UNE PHOTOGRAPHIE DE L'AUTEUR.

est abandonné à lui-même et grandit librement, sans entraves, comme l'herbe de la montagne. La fille aide sa mère dans les soins du ménage et dans la culture des champs. Avec ses camarades — les enfants sont fort nombreux et l'infanticide inconnu — le petit garçon s'exerce à tirer de l'arc. Plus grand, il garde à son tour

SORCIER TAÏTA APPELÉ POUR SOIGNER UNE JEUNE FILLE. — DESSIN DE BIGOT-VALENTIN.

les chèvres du village. La circoncision — qui pour les Taïta n'a aucun caractère religieux — a lieu vers l'âge de douze à quatorze ans et le père, à cette occasion, donne un *timbo*.

Dans toute cette partie de l'Afrique orientale habitée par les Nyika, les Taïta, les Tchaga, etc., on donne le nom de *timbo* à une liqueur fermentée dont la composition varie suivant les localités et les tribus. C'est ainsi que le timbo des Taïta est fait de jus de cannes à sucre, tandis que celui des Nyika de Rabaï est obtenu avec la sève du cocotier. Une réjouissance quelconque ne pouvant être comprise sans timbo, cette dénomination est devenue, pour les indigènes, synonyme de fête.

Au moment de la circoncision, les entrailles d'une chèvre sont de nouveau consultées. Si le nombre des contractions de la masse intestinale est pair, le jeune homme aura devant lui une heureuse carrière; — s'il est impair, l'augure lui est défavorable. Mais dans le Taïta, comme partout ailleurs, — comme en France, par exemple, — quand on fait une « réussite » qui ne réussit pas selon ses désirs, on la recommence jusqu'à obtention d'un résultat favorable. Dans le Taïta la chose est tout particulièrement recommandée par les sorciers, celui qui circoncit ayant toujours droit aux deux gigots des chèvres sacrifiées. Les parents et amis, conviés à manger le reste des victimes, ne font aucune objection, eux non plus, à ce qu'un premier augure défavorable soit contrôlé par d'autres inspections d'entrailles.

Quand la jeune fille arrive à l'âge nubile, les parents donnent encore un timbo et, d'ordinaire, le père indique alors le nombre de chèvres qu'il désire pour céder sa fille à celui qui veut la prendre comme épouse. Pendant le mois qui suit cette fête, la jeune fille reste enfermée et, durant ce laps de temps, une matrone parfait son instruction. Le mois écoulé, les parents donnent un second timbo. Les entrailles d'une chèvre sont consultées et la jeune personne apparaît alors couverte de verroteries, comme les jeunes filles et les femmes ont coutume de s'en parer : c'est son entrée dans la vie sociale.

Quand un jeune homme a des vues sur une jeune fille, les négociations ont lieu entre le père de celle-ci et l'oncle du prétendant. Le point délicat, le seul point même à discuter, c'est le nombre de chèvres réclamées par le père pour donner sa fille ; nombre qui peut varier de six à vingt, mais qui d'ordinaire est de dix.

Lorsque le prétendant a donné au père le nombre de chèvres convenu, la jeune fille s'enfuit dans la brousse et il faut parfois deux ou trois jours de recherches au futur, aidé de ses amis, pour la retrouver. Ils s'en emparent alors et la rapportent, par les pieds et par les épaules, dans un costume des plus primitifs, chez son seigneur et maître. Cette cérémonie est une sorte de rapt simulé.

Si la jeune femme n'est pas contente de son sort, elle se sauvera de nouveau, et ce sera affaire à son mari aidé de ses amis, de la recouvrer et de la rapporter au domicile conjugal. Le mariage ne comporte pas d'autre cérémonie chez les Taïta.

La polygamie existe, mais n'est guère pratiquée, le Taïta n'étant généralement pas riche; beaucoup d'entre eux même ne peuvent se marier, n'ayant pas le nombre de chèvres nécessaire pour acheter une femme. Cependant il est peu de pays où un spécimen du beau sexe revienne à meilleur compte. Un simple calcul nous montrera en effet qu'un Taïta peut se pourvoir d'une épouse pour la modique somme de quarante-deux à quarante-cinq francs, la femme coûtant dix chèvres et chaque chèvre valant en moyenne trois roupies.

Quand un homme est l'heureux possesseur de plusieurs épouses, il a bien soin de les séparer. Chacune de ses femmes a sa case et son champ, ce qui ne les empêche pas de se disputer quand même.

A la femme incombent tous les soins du ménage et la culture des champs, où elle récolte patates, sorgho, maïs, cannes à sucre, haricots, pois d'Angola, manioc.

L'homme fait aussi de la culture, garde les chèvres et, depuis un certain temps, se fait volontiers porteur pour les petites caravanes venant de la côte, mais ne dépassant pas le Kilima Ndjaro.

Le divorce existe chez les Taïta, surtout pour cause d'incompatibilité d'humeur. Le mari, dans ce cas, a tout avantage à ce que ce soit son épouse qui, ne pouvant plus supporter la vie commune, s'en aille de son plein gré. Alors il a le droit de réclamer à son beau-père le prix de sa femme. S'il en était autrement, il n'aurait nul recours à ce sujet.

Il est *facile* de comprendre que de semblables mœurs ne sont pas faites pour faciliter la tâche des missionnaires.

Un autre obstacle à l'acceptation de la morale chrétienne, c'est une des danses du Taïta : le *Moëlogo*. Cette danse a lieu le soir et principalement pendant la saison sèche, alors que le travail des champs est en plein chômage. Elle se déroule à la lueur des feux que l'on éteint au moment voulu, et la danse continue, non sans motif.....

Cette danse s'explique par ce fait que beaucoup de Taïta ne peuvent se marier, faute de chèvres pour acheter une femme.

Un fait typique, et qui résulte probablement du trait de mœurs précédent, c'est que toutes les femmes Taïtanes — il n'y a pour ainsi dire pas d'exception — ont des crises nerveuses, des crises d'hystérie, dès qu'elles ont atteint l'âge nubile. Les indigènes disent alors qu'elles ont le *Peppo*, l'esprit malin, le diable, et les considèrent comme des possédées. Quand la chose se présente, et le cas est fréquent, car tous les jours on entend le tam-tam résonner dans la montagne, le mari ou le père donne un timbo et fait appeler le

FEMME TAÏTA. — D'APRÈS UNE PHOTOGRAPHIE DE L'AUTEUR.

sorcier. Celui-ci, après avoir examiné la malade, déclare qu'on a affaire à tel ou tel *Peppo*; — ils sont en effet au nombre de quatre, ces diables qui se plaisent à tourmenter ainsi les femmes; il indique alors celui de ses confrères qui a particulièrement le pouvoir de chasser le *Peppo* en question, chaque sorcier ayant sa spécialité

PETITE ESCLAVE MASSAÏE BROYANT DU GRAIN (PAGE 404). — DESSIN DE J. LAVÉE, D'APRÈS UNE PHOTOGRAPHIE.

dans le Taïta. Le spécialiste arrive donc, apportant les fioles dans lesquelles sont enfermées ses médecines et, tandis qu'il marque le malade de raies noirâtres, au moyen des cendres retirées de ses flacons primitifs, le tam-tam fait rage.

Le P. Mével me disait qu'il avait remarqué bien souvent que ce vacarme calmait assez rapidement ces crises nerveuses, dont un certain nombre, d'après lui, seraient simulées par les femmes pour obtenir de leur père ou de leur mari ce qu'elles désirent : colliers, parures, etc. Lorsqu'elles sont dans cet état la prudence veut, en effet, qu'on accorde au *Peppo* tout ce qu'il demande par la bouche de la femme, pour ne pas l'exaspérer.

En cas de maladie, et surtout de maladie grave, on tue une chèvre pour en consulter les entrailles. Si l'augure est mauvais, le matin, à midi et le soir, tous les habitants du village où se trouve la case du malade hurlent et se lamentent, en réglant leurs cris sur ceux d'un des parents qui donne le rythme et le ton.

On a également soin d'ouvrir la tombe du dernier mort adulte, et son crâne apporté dans la case du malade est placé au fond d'une jarre. De temps en temps on lui fait des libations de timbo pour se rendre l'esprit du mort favorable et obtenir la guérison. Si le malade revient à la santé, le crâne est généralement conservé dans la case pendant un laps de temps plus ou moins long. Si le malade succombe, c'est tout simplement parce que l'esprit du défunt n'a pas voulu le guérir. Le corps est alors dépouillé de tout ornement, on ne lui laisse qu'une loque pour vêtement. L'inhumation a lieu dans le village même, ou tout à côté et à une très petite profondeur. Une pierre, ou une légère toiture de chaume quand c'est un personnage de marque, indique le lieu de la sépulture.

Au bout d'un certain temps, la tête du défunt est exhumée et portée dans quelque caverne ou anfractuosité de rocher. De temps en temps, parents et amis vont faire quelques libations de timbo à ces crânes, réunis parfois en assez grand nombre, pour se rendre les morts favorables, surtout en cas de maladie.

En rentrant, nous nous arrêtons un instant pour regarder un gentil tableau : assise par terre, à l'ombre d'un grand arbre, une petite esclave massaïe, presque nue, est en train de moudre du maïs entre deux pierres plates et, près d'elle, un jeune Taïta, fils du maître, lui tient compagnie. Le soir, tandis que nous prenons le frais sous la véranda de la Mission, tout autour de nous, dans la montagne, le tam-tam résonne, indiquant par son vacarme que les sorciers sont en train de chasser le *Peppo* du corps des femmes possédées.

HOMME TAÏTA. — D'APRÈS UNE PHOTOGRAPHIE DE L'AUTEUR.

Mercredi 11 juillet. — Désireux de parcourir le pori de Serengetee à la poursuite des antilopes et des grands animaux, nous quittons la Mission à six heures et demie, une demi-heure après le lever du jour dans ces contrées équatoriales.

Le P. Mével veut bien se joindre à nous et nous accompagner jusqu'au lac Djipé.

La fertile vallée qui se déroule au pied de la Mission a bien souffert de l'invasion des sauterelles. Encore endormies et mouillées de rosée, à cette heure matinale, elles forment par terre de larges plaques grouillantes, ou bien se suspendent en grappes aux feuilles déchiquetées des cannes à sucre. Nous entrons maintenant dans les vastes plaines sèches et désertes, parsemées de brousse et d'arbres rabougris. C'est le *pori*, où nous ne tardons pas à reconnaître des traces d'antilopes et de rhinocéros.

Notre campement, situé auprès du sentier allant à Taveta, au pied d'une colline, dans le pori de Mouachoti, est au milieu d'un pays assez giboyeux. La chair des antilopes tuées est immédiatement envoyée à Boura pour être échangée contre des bananes et du manioc, provisions de route d'une conservation plus facile.

Samedi 14 juillet. — Pour célébrer la fête nationale, nous faisons flamber un punch au dessert, et buvons à la France, au grand ébahissement de nos porteurs. Ces braves noirs, nous voyant avaler une boisson qui était tout en flamme quelques secondes auparavant, n'en peuvent croire leurs yeux.

Le lendemain, la messe dite sous la tente par le P. Mével, le camp est levé.

Dès les premiers pas, pintades, francolins, perdrix s'envolent de tous côtés.

Parti à la poursuite du petit gibier, j'avais laissé assez loin en arrière l'homme portant mon calibre 8 rayé, lorsque, me retournant instinctivement, je vois, à quelques mètres, et me venant droit dessus, deux énormes masses noires. A peine ai-je le temps de me jeter derrière un arbre que deux rhinocéros, l'un suivant l'autre, passent à dix mètres de moi. Nous continuons notre marche au travers de ce pori de Serengetee, giboyeux au possible. Devant nous fuient des bandes d'*Alcelaphus Cokii*, « Congonis », de gazelles de Grant, de gnous, de kobus Sing Sing, d'élans de Grant, « le m'pofou » des Souahélis. Les escadrons de zèbres galopent de droite et de gauche, tandis que, plus sauvages, on voit courir au loin des autruches et quelques girafes dont la tête dépasse les arbres.

Des cris partant de notre droite, direction de la caravane dont nous nous sommes éloignés, indiquent qu'elle vient de faire lever quelque gros gibier et *nous voyons bientôt deux rhinocéros venir dans notre direction*. Malheureusement ils passent un peu loin.

Me dirigeant du côté de la caravane, je la trouve arrêtée. Elle vient encore de faire lever un troisième couple de rhinocéros et n'ose plus avancer. Tous les hommes ont déposé leurs charges pour être prêts à jouer des jambes s'il prenait fantaisie à l'un de ces animaux de foncer sur eux. Se mettre à leur tête est le seul moyen de les décider à reprendre la marche.

La brousse se fait de plus en plus épaisse à mesure que l'on approche du lac Djipé : ce sont des massifs impénétrables, au travers desquels on ne peut avancer qu'en suivant les sentiers et les coulées des rhinocéros et des hippopotames. Sur les larges traces des gros pachydermes se dessinent les sabots des zèbres et les piquets de nombreuses antilopes. Le soir nous dressons nos tentes sur les bords du lac.

Mardi 17 juillet. — Hier soir, nous nous sommes endormis, bercés par les cris tristes et pleurards des hyènes; ce matin, en nous réveillant, nous entendons au loin, sur le lac, la basse profonde des hippopotames. Thomson donne au Djipé une longueur de seize kilomètres sur cinq kilomètres de large. Ce dernier chiffre me semble exagéré et la largeur moyenne ne doit guère dépasser trois kilomètres, tout au moins à cette époque de l'année.

HOMME TAÏTA. — D'APRÈS UNE PHOTOGRAPHIE DE L'AUTEUR.

Devant nous se dresse le majestueux *Kilima Ndjaro* dont les deux têtes, le Kibo et le Kimaouenzi, reflètent dans les eaux du Djipé, l'un le bleuté de son dôme de glace, l'autre sa tête déchiquetée et poudrée de neiges éternelles. Sur le miroir de l'eau apparaissent et disparaissent des groupes de points noirs : ce sont des familles d'hippopotames se livrant aux délices du bain, tandis que d'énormes crocodiles flottent immobiles, semblables à des troncs d'arbres.

A chaque instant nous croisons des sentiers fréquentés par les animaux venant à l'eau, et que suivent, la nuit, les hippopotames pour aller paître dans la plaine. Près de l'un de ces chemins, le P. Mével nous montre l'endroit où, lors de son passage ici, il y a trois mois, il avait établi son campement. Il y passa une nuit agitée : les hippopotames étaient venus lui rendre visite et grognaient tout autour de sa tente. Ses hommes, talonnés par la peur, s'étaient réfugiés sur les arbres épineux sans se soucier des blessures qu'ils se faisaient, et le missionnaire, resté par terre, put compter neuf hippopotames défilant devant lui.

Dans l'espoir d'une semblable visite, ordre est donné à Soudi de transporter ici le campement.

Bien que les traces de gros animaux se croisent de tous côtés, nous ne voyons, pendant deux journées entières, que du petit gibier.

Les eaux du lac, heureusement, sont poissonneuses et les hommes auxquels nous avons donné des hameçons rapportent de magnifiques pièces de cinquante à soixante centimètres de longueur. Ce sont, en général, des poissons à grosse tête aplatie, garnis d'écailles et d'une chair délicate. Après la venaison quotidienne et les conserves obligatoires, c'est pour nous un vrai régal.

Le P. Mével nous quitte ce matin 19 juillet pour retourner à Boura. Partis de bonne heure pour l'accompagner pendant quelques kilomètres, nous sommes vite séparés par la poursuite du gibier. En passant près d'un bas-fond couvert d'herbes assez hautes, j'aperçois, à une trentaine de mètres, une tête de félin aux aguets. A mon coup de fusil, les herbes s'agitent convulsivement, et Omari, porteur de ma seconde arme, accourt en criant *roui*, « tigre ».

C'est, en effet, un jeune léopard mesurant un mètre environ de la tête à la naissance de la queue. La balle l'a frappé au-dessous de l'oreille et, en faisant explosion, l'a presque décapité.

Le lendemain, nous campons au milieu d'une immense plaine d'herbes, à une bonne heure de marche du lac.

Le soir, Gautier me dit avoir rencontré une bande de kobus Sing Sing (le *Waterbuck* des Anglais), antilopes de la grosseur d'un bel âne, et en avoir blessé pl... ...s.

Dans la matinée du jour suivant, chassant dan... ...égion où mon compagnon avait tiré ces antilopes, une bande de grandes outardes me fait quitter la carabine pour le fusil de chasse. Caché derrière un petit buisson épais, je vois, à mon coup de fusil adressé à une outarde, surgir du buisson, à mes pieds, comme un diable d'une boîte, un jeune waterbuck. L'animal effrayé se met à courir dans la plaine, mais je m'aperçois vite qu'il est blessé; c'est une des victimes de Gautier. Le fidèle Omari, laissé en arrière, est accouru m'apportant ma carabine. L'antilope fatiguée s'est arrêtée au milieu de la plaine, regardant, inquiète, et elle tombe à ma deuxième balle. Quelques instants après, un autre waterbuck d'assez belle taille, également blessé, sort des broussailles et à le même sort que le précédent. Dans l'après-midi, j'ai encore la chance de tuer un troisième waterbuck et un *tragelaphus sylvaticus*. Cette dernière antilope, à laquelle mon coup de fusil casse les reins, fait tous ses efforts, à mon approche, pour se jeter sur moi.

Gautier tue une jolie gazelle de Valleri. Malgré la puissance de son arme, la carabine Mannlicher, comme pénétration et portée, je préfère la balle explosible du winchester, qui porte moins loin, mais tue plus rapidement et permet au moins de ramasser le gibier.

La journée du dimanche est consacrée au repos et à la cuisine; les boîtes de tablettes de légumes comprimés et desséchés sont ouvertes, et Horace Night, sous la haute direction de Gautier, soigne d'une façon toute particulière ce déjeuner dominical. Potage printanier, perdrix aux choux, filet de congoni, salade de choux-fleurs, compote de poires, vin, café, liqueurs: tel est le menu, qui n'est vraiment pas mal pour un déjeuner en pleine brousse.

Lundi 23. — Le gros gibier commençant à s'effaroucher, nous déménageons. Accompagnés seulement de Souedi et des boys, nous partons de bonne heure, précédant la caravane pour pouvoir chasser en route.

Nous marchions silencieusement, quand tout à coup, au tournant du sentier, nous tombons au milieu d'un groupe d'indigènes qui, effrayés à notre vue, disparaissent dans la brousse, laissant là une vache et quelques chèvres. Un peu plus loin, nouvelle rencontre d'un deuxième, puis d'un troisième, puis d'un quatrième groupe ; Souedi, nous devançant un peu, leur parle et, bien que très effrayés, les décide à rester, tout au moins en partie, près de leurs bêtes, car tous ont des bestiaux et des chèvres avec eux.

UN M'ROUAPI DANS LA FORÊT (PAGE 408). — DESSIN DE MASSIAS, D'APRÈS UNE PHOTOGRAPHIE.

Nous sommes au milieu d'un parti pillard de Tchaga. Ils reviennent d'une expédition, ramenant bœufs et chèvres volés à quelque tribu pacifique habitant dans les montagnes du Paré. Vivant sur les pentes du Kilima Ndjaro, ces Tchaga savent que les blancs — les Allemands, en particulier — ne sont pas tendres pour les pillards, témoin la sévère leçon que les Massaï venaient de recevoir tout dernièrement. Aussi, en voyant des Européens, bien que nous ne fussions que deux contre plus de soixante, ne pensaient-ils qu'à se sauver, abandonnant leur butin dont nous aurions pu nous emparer à loisir. Et pourtant tous ces hommes, guerriers redoutés, étaient armés, les uns de l'arc et de la lance, les autres de fusils. Vingt minutes à peine après avoir quitté ces maraudeurs, nous rencontrons des gens venant de Taveta. Avec une rapidité inouïe, la nouvelle s'est *répandue que des blancs ont pris aux*

pillards Tchaga le fruit de leur razzia, et ces braves gens arrivent dans le doux espoir d'obtenir, sinon une chèvre, tout au moins quelque morceau de viande.

Nous profitons d'une halte, à l'ombre problématique de quelques arbres, pour constater l'adresse de nos hommes. Un journal cloué contre un arbre sert de cible aux meilleurs tireurs parmi nos askaris. Placés à trente pas du but, ils manquent la cible et l'arbre avec un ensemble désolant.

Il ne fait pas précisément frais quand nous nous remettons en route. Mais nous ne souffrons pas longtemps de la chaleur, car nous pénétrons bientôt, et sans transition, sous l'épais ombrage de la forêt de Taveta.

Le tableau que nous avons sous les yeux est vraiment superbe et la fraîcheur humide du sous-bois vient encore ajouter son charme à celui de la merveilleuse nature qui nous environne. Du sol, fertilisé par la rivière Loumi, s'élancent des arbres nombreux dont les troncs, vrais fûts de colonnes de cathédrale gothique, poussent leurs premières branches à plus de vingt mètres de hauteur. De ces branches, des lianes sans nombre, monstrueux serpents ou guirlandes fleuries, glissent jusqu'à terre, tandis que d'autres sortent du sol, se faufilent dans la brousse. étreignent de leurs nœuds les géants de la forêt et s'élancent de leur faîte sur les cimes voisines. Sous ce dais de verdure sombre c'est un fouillis inextricable de plantes et d'arbustes où s'harmonisent toutes les notes du vert. A chaque instant le tableau change : tantôt nous côtoyons lo *Loumi* aux eaux claires,

FEMME TAÏTA ET SON ENFANT. — D'APRÈS UNE PHOTOGRAPHIE.

souvent brisées par les grosses racines des arbres ou par les replis de quelque liane ; tantôt nous sommes environnés de raphias dont les feuilles se détachent en longues dents de scie sur l'azur du ciel.

Ici, la lumière, tamisée par les hautes frondaisons, scintille sur une profusion de fougères de toutes sortes qui étalent aux yeux éblouis les plus merveilleuses dentelles qui se puissent imaginer; là, l'hyphène ou dattier sauvage étend ses branches au-dessus d'arbrisseaux fleuris.

Des singes et quelques jolis oiseaux donnent de l'animation à ces sous-bois splendides, où la vue s'étend au travers des fûts gigantesques et droits de cette magnifique colonnade, quand elle n'est pas arrêtée par des massifs de lycopodes ou de palmiers.

Plus loin, l'aspect de la forêt change encore : le sentier devient boueux, détrempé. Des canalisations, fort bien comprises, conduisent l'eau de la rivière aux *chambas*, plantations de pois d'Angola, de patates, de maïs, et aux bananeraies qui font de Taveta un centre de ravitaillement pour les caravanes.

A plusieurs reprises, nous devons franchir des fondrières sur quelques branches d'arbres qui constituent de véritables ponts de singe, et nous obligent à nous livrer à des exercices de corde raide. Nos porteurs, avec leurs pieds nus qui semblent prenants, franchissent ces obstacles avec un surprenant équilibre, et nous avons le plaisir de constater qu'aucune charge n'est tombée dans la boue liquide.

Nous voici maintenant au milieu de cultures variées auxquelles les Taveta, hommes et femmes, donnent tous leurs soins. Habitués à voir passer les caravanes, ils ne se montrent pas effrayés à notre vue et nous saluent d'un *Diambo buana* fort courtois.

La premier que nous rencontrons est un fort bel homme, élancé, aux attaches fines, aux yeux légèrement obliques. Quoique négligemment drapé dans une courte pièce d'étoffe nouée sur l'épaule droite et tombant jusqu'à mi-cuisse, sa tenue garde une certaine dignité. Ce doit être un M'Kouafi.

Les Kouafi, un des clans de la grande tribu des Massaï, furent forcés, après de nombreux revers et pour ne pas succomber jusqu'au dernier, d'abandonner les abords du Taïta où ils vivaient de la vie pastorale et guerrière. Ils se réfugièrent dans la forêt de Taveta; là peu à peu ils se mélangèrent aux indigènes et devinrent de paisibles agriculteurs.

Plus loin, une jeune Tavetane aux bras chargés de spirales de laiton, le cou orné de colliers de cuivre et de fer, se fait surtout remarquer par ses boucles d'oreilles. Ces ornements, épais de près d'un centimètre et larges de sept à huit, sont faits d'un fil de laiton enroulé sur lui-même. Les coquettes tavetanes pour éviter un déchirement du lobe qui, fatalement, cèderait sous le poids de ces boucles d'oreilles, ont soin de les réunir par une courroie passant sur le dessus de la tête. Cette jeune personne précède de quelques pas seulement des femmes et des enfants, ces derniers généralement nus, mais parés de quelques verroteries.

Les *Chambas* succèdent aux *Chambas*, et partout on voit les gens travailler tranquillement. C'est que, entourés par les turbulentes et pillardes tribus massaï, enviés par les chefs tchaga de la montagne, les Taveta se savent en sûreté dans leur forteresse naturelle, dans leur forêt impénétrable. Plus d'une fois déjà, l'expérience leur a prouvé qu'ils pouvaient avoir confiance dans le dédale de leurs sentiers, ainsi que dans l'exiguïté et la solidité des portes primitives qui les ferment. Se sentant bien chez eux au centre de cette forêt, véritable oasis où l'on trouve partout de l'eau à quelques pieds de profondeur, possesseurs d'un sol fertile qui leur donne par surcroît tout ce qui leur est nécessaire, ces Taveta sont fort paisibles et très hospitaliers. Ils lient facilement commerce d'amitié avec les porteurs des caravanes, qui s'arrêtent souvent pendant plusieurs semaines dans cette région riante, tant pour s'approvisionner que pour se reposer. Comme ces porteurs sont presque toujours hébergés par quelque ami dont la connaissance remonte à un précédent voyage, ils y restent le plus longtemps possible, après s'être pressés d'arriver à Taveta, et ne quittent qu'à regret la forêt et les amis pour reprendre la route aride du pori, où la rencontre des Massaï est toujours à redouter.

Après huit heures de marche, nous dressons nos tentes en dehors de la forêt, dans un endroit où le Loumi, très encaissé, roule ses eaux cristallines sous une voûte épaisse de verdure, nous invitant par son murmure aux délices du bain.

(*A suivre.*)

JOSEPH CHANEL.

LA FORÊT DE TAVETA. — DESSIN DE MASSIAS, D'APRÈS UNE PHOTOGRAPHIE.

LE REPAS DES PORTEURS, UN SOIR DE BONNE CHASSE. — DESSIN DE MIGNON.

VOYAGE AU KILIMA NDJARO[1],

PAR M. JOSEPH CHANEL.

III

Campement de chasse de Loutchoro. — Le lac Chala. — Établissement des Allemands au Kilima Ndjaro. — La mission de Kilema. — Les Tchaga.

TYPE TAVETA. — DESSIN D'OTLEVAN.

Les guides que nous avons pris à Taveta nous ont conduits, à quatre heures de marche de la forêt, dans un endroit appelé Loutchoro, où s'étend une immense plaine fort peu broussailleuse, parsemée d'arbres assez distants les uns des autres.

Dans cette plaine, des troupeaux d' « élans de Grant » (*Oreas Canna*), de zèbres et de *congonis* paissent tranquillement. Nous nous séparons pour ne pas nous gêner, et aussi dans l'espoir de nous renvoyer réciproquement le gibier. Mais déjà nous avons été aperçus ou éventés. Une vague inquiétude règne dans la plaine ; des bandes de cent à cent cinquante antilopes partent au galop, puis s'arrêtent inquiètes. Des escadrons de deux à trois cents zèbres reniflent bruyamment, cherchant d'où leur vient cette senteur inconnue. Tandis que, suivi d'Omari, j'essaye d'arriver à bonne portée de deux antilopes isolées, un coup de feu de Gautier jette l'alarme ; toutes les têtes se dressent inquiètes, des centaines d'yeux scrutent les alentours, cherchant d'où vient ce bruit ; puis, le calme n'étant plus troublé, toutes les têtes s'inclinent à nouveau vers l'herbe sèche et rare.

A de nouveaux coups de fusil tirés par Gautier, je vois un troupeau de zèbres venir dans ma direction, puis disparaître après avoir laissé deux superbes bêtes entre nos mains. Le jour commençant à tomber, nous rentrons au camp, où les porteurs se partagent avec joie la venaison de trois zèbres et de trois antilopes.

[1]. *Suite. Voyez* p. 385 et 397.

La journée du lendemain n'est pas moins bonne pour le garde-manger. Mon compagnon compte à son actif quatre *congonis* ; j'en ai deux de mon côté, plus un zèbre, trois tourterelles et un francolin pour le pot-au-feu. L'abondance est dans le camp. Chacun a reçu autant de viande qu'il en pouvait désirer, et Dieu sait si ces noirs en sont friands !

En nous conduisant à ce campement de Loutchoro, les Taveta s'étaient engagés à nous montrer zèbres, antilopes et rhinocéros. N'ayant encore rencontré aucun de ces pachydermes, bien que leurs traces fussent nombreuses dans les environs, nous déclarons à deux de nos guides que nous voulons, coûte que coûte, en tirer ce matin même.

Laissant sur la droite la grande plaine giboyeuse, nous nous engageons bientôt dans une région remplie de broussailles. A peine sommes-nous arrivés à une sorte de carrefour de quelques mètres carrés, où aboutissent divers sentiers de fauves venant des profondeurs de la forêt, qu'un sourd grognement frappe nos oreilles. — *Faro* (rhinocéros) ! disent tout bas nos hommes cloués sur place, et dont les yeux inquiets cherchent un lieu de refuge. Nous avons certainement été éventés par un de ces animaux ; il faut donc s'attendre à le voir paraître, car le rhinocéros fonce brutalement dans la direction de l'ennemi que son odorat, très subtil, vient de lui révéler. Gautier et moi, l'un près de l'autre, nous sommes appuyés sur l'angle de brousse que dessinent les deux sentiers venant de la partie du bois où se trouve l'animal. Un second grognement, très rapproché du premier, fait vibrer l'air, et nous entendons le galop pesant du colosse arrivant par le sentier dont nous gardons le débouché. Une énorme masse brune passe à 3 ou 4 mètres de nous ; saluée de deux coups de fusil, elle disparaît. Immédiatement après, un nouveau bruit de galop, et, suivant le même chemin, la femelle surgit. Gautier, vexé de n'avoir pas vu tomber le mâle, se place en face d'elle, lui envoie une balle dans la tête — à moins de 60 centimètres — et a juste le temps de s'écarter pour la laisser passer. Je la salue au passage d'une balle de calibre 8 qui, malheureusement, la frappe un peu trop haut, à la pointe du garrot. A peine a-t-elle disparu, à son tour, que le bébé, de la grosseur d'un beau taureau, passe devant nous sain et sauf, nos armes étant vides. Le mâle, peu satisfait sans doute des dragées dont nous l'avons gratifié, revient dans notre direction ; mais il n'a pas dû bien s'orienter, car il passe à une vingtaine de mètres, emportant deux nouvelles balles, dont une explosible de calibre 8 qui détermine une très forte hémorragie.

Tout cela s'est passé en moins d'une minute, et quand nous appelons nos hommes il n'y a plus personne. Près de nous, deux longues masses noires qu'on serait tenté de prendre pour des singes se laissent alors glisser du haut d'un arbre : ce sont nos deux Taveta, qui s'y étaient réfugiés avec une telle rapidité que nous ne nous en étions même pas douté. Quant à Mozès et à Omari, nos porte-fusils, ils se tirent avec difficulté du fond d'un épais fourré où la peur les avait fait pénétrer comme un clou dans du bois.

Revenus rapidement de leur émotion, une fois le danger passé, ils nous montrent de larges taches de sang sur le sol, sur les broussailles, et la poursuite commence.

La piste de la femelle, que nous suivons d'abord, est pleine de sang ; mais la brousse devient tellement épaisse que, pour avancer, il faudrait se frayer un chemin avec le sabre d'abatis ; nous n'en avons ni le temps ni le moyen, et force nous est de rebrousser chemin pour nous mettre à la recherche du mâle. De retour à

MISSION DE KILÉMA (PAGE 414). — DESSIN DE BOUDIER.

notre petit carrefour, nous avons vite fait de trouver la nouvelle piste. Pendant plus d'une lieue nous la
suivons, guidés par les larges plaques de sang que l'animal laisse sur le sol et aux broussailles ; mais peu à
peu ces indices se font plus rares, nous avançons moins rapidement et perdons souvent un temps précieux à
retrouver les traces. Déjà nos estomacs nous
ont crié qu'il était midi passé. Devant nous, la
plaine s'étend immense et flamboie sous le
soleil ; nous décidons de rentrer au camp. Un
chiffon indique la place où nous quittons la
piste.

Dans l'après-midi, accompagnés chacun
d'une dizaine d'hommes, nous repartons en
chasse. Rubini reçoit ordre de nous suivre à
cinq cents mètres, avec vingt-cinq hommes,
de façon que le gibier puisse être dépecé et
enlevé de suite.

Quel pays de cocagne pour le chasseur
que ces vastes plaines qui s'étendent à l'est du
Kilima Ndjaro ! Il y a des moments où nous
avons, à la fois, plus de mille grosses pièces
de gibier sous les yeux : des antilopes par
troupeaux de plusieurs centaines, des escadrons de zèbres, dont plusieurs comptent plus
de deux cents têtes.

A voir le merveilleux ensemble avec
lequel manœuvrent ces magnifiques animaux
au pelage luisant, rayé de jaune et de noir, on
serait tenté de croire qu'ils obéissent à un
commandement. Un coup de fusil vient-il les
surprendre, c'est une marche au galop
précédée d'une ruade générale et accompagnée
de cris brefs ressemblant, à s'y méprendre,
au jappement du chien. Après un parcours
de 300 ou 400 mètres, si le chasseur ne
s'est pas montré, l'escadron fait halte et volte-
face, comme le feraient des troupes exercées.
On peut alors voir toutes les têtes alignées,
les oreilles droites, les naseaux largement
ouverts, se tourner anxieuses vers le point
d'où l'alarme est venue. Après quelques
minutes, si rien ne les trouble à nouveau, les
têtes s'inclinent vers le sol, et le troupeau
recommence à paître, pendant que plusieurs

KIMAMA. — DESSIN DE GOTORBE.

sentinelles scrutent l'horizon d'un œil inquiet. Si l'un des leurs est tué, la galopade, souvent, s'arrête au bout
de quelques mètres, et les zèbres, étonnés de voir leur camarade sans mouvement, viennent le renifler. Après
être restés quelques instants immobiles, comme frappés de stupeur, ils s'éloignent lentement, à moins qu'un
nouvel incident ne vienne précipiter leur allure.

Mais si l'animal n'est que blessé, il fait son possible pour rejoindre les autres. Ceux-ci, du reste, l'attendent,
l'enveloppent, ralentissent leur marche de façon que le blessé puisse suivre. Si la vue du chasseur ou
quelques coups de fusil déterminent une nouvelle panique, la galopade reprend. Le blessé, absolument
confondu avec les autres, semble emporté par eux ; mais bientôt il perd du terrain et se laisse distancer ;
alors, presque toujours, deux ou trois compagnons, se détachant de la troupe, restent avec lui. Ils s'efforcent
de le masquer, en se plaçant entre lui et le chasseur : ils l'encouragent à marcher, galopent pendant quelques
mètres, s'arrêtent, se retournent, semblant vraiment l'appeler, et ne se reportent de nouveau en avant que
lorsqu'ils ont été rejoints. Ce manège continue jusqu'au moment où cette arrière-garde rattrape le gros de la
troupe, dans laquelle il se fond.

Bien que Omari et son compagnon n'aient pas pu retrouver le rhinocéros, qu'ils ont suivi au sang jusqu'aux
collines près de Taveta, la chasse est bonne. Les quarante-cinq hommes que nous avons emmenés avec nous
sont à peine suffisants pour rapporter le gibier tué. Nous pouvons inscrire, pour aujourd'hui, sur nos carnets :

six zèbres et cinq *congonis*. Mais le jour commence à décliner ; il est temps de rentrer au camp. Quel moment tout à la fois plein de mélancolie et de poésie que ce moment de la tombée du jour, dans les pays équatoriaux ! Combien intense ici cette poésie de l'immensité des plaines désertiques qui s'endorment ! Combien plus poignante cette mélancolie qui se dégage de l'impression de grandeur, de solitude, d'inconnu qui vous envahit !

Devant nous, se noyant dans les teintes violettes et fantastiques si chères à Gustave Doré, la masse colossale du Kilima Ndjaro se dresse dépouillée de tout voile. Dans le ciel se perdent ses deux têtes glorieuses : l'une, le Kimaouenzi, déchire l'azur de sa crête dentelée comme un vieux château fort poudré à frimas ; l'autre, le Kibo, fait rayonner à plus de 6 000 mètres l'énorme gemme de ses glaciers, qu'allument de mille feux les derniers rayons du soleil couchant.

Devant ce spectacle grandiose on reste sans parole, presque sans pensée, et le plus sceptique ne peut s'empêcher de penser à Dieu. Aussi, quoi d'étonnant à ce que les primitifs qui habitent ces régions aient placé la demeure du « Roua » ou du « Ngaï », de Dieu enfin, sur ce magnifique Kibo qu'ils croient d'argent massif, la neige leur étant complètement inconnue !

En quelques minutes la nuit est venue comme un rideau qui tombe, la belle nuit africaine peuplée de clartés d'astres, nuit vivante où le susurrement et le bruissement des insectes sont converts de temps en temps par le ricanement pleurard de la hyène ou la rauque basse du lion.

L'aspect de notre camp est vraiment original : d'étranges girandoles, s'accrochant aux arbres dont les branches sont garnies de nos trophées de chasse, en font le tour. Ce sont des lanières de viande suspendues à des cordes. Saisie par le soleil brûlant du milieu du jour, cette viande se dessèche et se durcit, ce qui permet de la conserver un certain temps.

Réunis par petits groupes autour des feux, les porteurs repus continuent à faire griller lentement, d'un air béat, leurs brochettes de viande, dégustant de temps en temps quelque morceau cuit à point.

Ce que ces hommes si sobres, quand ils n'ont presque rien à manger, peuvent avaler de viande sans se rendre malades est vraiment extraordinaire !

Lundi 30 juillet. — En rentrant ce soir au camp, avec deux antilopes, je suis surpris de l'animation qui règne autour des feux. Les hommes parlent bruyamment et le mot *simba* (lion), fréquemment répété, pique ma curiosité. C'est Gautier qui a surpris deux magnifiques lions mangeant une proie et qui a été poursuivi par eux, heureusement sans dommage.

Le lendemain, dans la matinée ainsi que dans l'après-midi, nous allons chasser à l'endroit où Gautier avait tiré son lion, dans l'espoir de le retrouver mort ou d'en rencontrer d'autres vivants ; mais nous ne voyons absolument rien.

Mercredi 1er août. — Le lac Chala, situé sur les premières pentes est du Kilima Ndjaro, ne doit pas être loin d'ici. Désireux de le voir, nous donnons l'ordre de lever le camp.

À 7 heures et demie, quand nous nous mettons en marche, Souedi et, après lui, tous les hommes déclarent ne pas connaître la route conduisant au lac. C'est bien étrange : aussi sans hésiter prenons-nous la direction de la caravane et marchons-nous à la boussole. Après avoir passé le Loumi, nous trouvons, à 2 ou 3 kilo-

FORTIN ALLEMAND DE MARANGU (PAGE 416). — DESSIN DE BOUDIER.

mètres plus loin, un ruisseau fort encaissé dont les abords, garnis de fosses à gibier très bien dissimulées, ne laissent pas que de présenter un certain danger.

À un arrêt commandé par la nécessité de s'orienter sur la carte, nous sommes rejoints par Souedi, qui nous demande d'un air narquois où se trouve le lac Chala. Gautier lui ayant indiqué une direction légèrement trop au Nord, il nous montre aussitôt la bonne direction en ayant l'air de se moquer de nous. « Comment se fait-il, lui dis-je, que tu saches maintenant où se trouve le lac Chala, alors que tu disais l'ignorer tout à l'heure ? » Un geste vague est sa seule réponse. Salim, un des hommes de la caravane, que je m'étais attaché par quelques légers cadeaux, prenant alors la tête, nous dit qu'il connaît la route. Nous le suivons, nous promettant de tirer au clair, le plus tôt possible, la façon d'agir de Souedi.

Vers 10 heures, la caravane s'arrête au pied d'une chaîne de collines s'arrondissant comme pour former un cercle immense : c'est la ceinture du cratère grandiose au fond duquel dort le lac Chala. Accompagnés de quelques hommes, nous arrivons rapidement, après une ascension d'environ 200 mètres, au sommet de la crête. Le spectacle est magnifique : à l'Est et au Nord, jusqu'à l'horizon, s'étend le *pori*, le vaste désert parsemé de quelques bouquets d'arbres et qui, à cette heure, semble bouillir sous les rayons du soleil. — A l'Ouest, tout près de nous et nous écrasant de sa masse, le puissant Kimaouenzi veille sur le sommeil parfois agité du lac étendu à nos pieds. Les berges sont absolument verticales, mais partout où un peu d'humus a pu s'accumuler, retenu aux anfractuosités de cette muraille circu-

M'BAGARI, TYPE TCHAGA. — D'APRÈS UNE PHOTOGRAPHIE.

laire de 40 à 50 mètres de hauteur, des arbres, des bouquets de verdure ont surgi, faisant un nid verdoyant aux eaux bleues. A première vue, cette belle nappe d'eau semble former une vaste circonférence de plus de 3 kilomètres de diamètre.

Ce lac, disent nos hommes, est fort profond, et les crocodiles y vivent nombreux. Les avis sont partagés en ce qui concerne le poisson : d'après les uns, il n'y en aurait pas du tout, tandis que, à en croire les autres, le Chala serait un vaste vivier.

Vers 2 heures nous nous remettons en route. La marche est fatigante ; la caravane se déroule au travers des hautes herbes qui couvrent les premières pentes du massif du Kilima Ndjaro, ayant à chaque instant à franchir les nombreuses ravines qui sillonnent les flancs de la montagne ; on dirait une longue traînée de fourmis avançant sur un melon perpendiculairement aux côtes.

Quelques heures après, les tentes se dressent près du sentier allant de Taveta à Kilema, et le lendemain à 6 heures et demie nous reprenons notre marche.

Sortant de la vaste plaine qui monte lentement depuis Taveta, nous entrons de suite dans une forêt des plus clairsemées et ne tardons pas à rencontrer un important ravin au fond duquel le Hino, descendant des neiges éternelles du Kibo, roule ses eaux rapides entre deux berges profondes et couvertes de verdure.

Nous quittons la forêt broussailleuse pour entrer dans de vastes champs couverts d'une sorte de grande bruyère à fleurs rouges hautes de 2 mètres au moins et au milieu desquelles nous étouffons littéralement.

Mais voici devant nous, fermant le sentier, bordé à cet endroit par une brousse impénétrable, une palissade formée de troncs et de branches d'arbres ingénieusement entrelacés. Au centre, une seule ouverture ogivale permet à un homme de passer : encore doit-il se mettre à peu près à quatre pattes. Cette porte franchie, nous sommes dans la partie des États de Foumba que ses sujets peuvent cultiver et planter en bananeraies.

Nous croisons bientôt quelques Tchaga : des hommes surveillant un petit troupeau de chèvres, des femmes chargées de très longs paquets d'herbes qu'elles vont chercher jusque dans le pori.

Le sentier serpente maintenant au milieu des bananeraies : partout de la verdure, de l'ombre, de l'humidité. Tous ces habitants de la montagne sont fort habiles à capter l'eau des torrents, parfois à de très grandes distances, et à la conduire, par des canaux, dans leurs champs et leurs plantations.

De distance en distance, un petit sentier se détache du sentier principal et conduit à une porte carrée formée de troncs d'arbres. Cette porte, haute d'un mètre au plus, donne accès dans la bananeraie, dans la *chamba* d'une famille de Tchaga, dont les cases, noyées dans la verdure, se dressent, semblables à d'énormes meules de foin.

FEMMES TCHAGA. — D'APRÈS UNE PHOTOGRAPHIE.

Pendant plus d'une heure, nous montons au travers de ces « chambas » séparées les unes des autres par des haies de dracénas. Vers midi, nous apercevons, au sommet d'une forte croupe, les cases du village chrétien de la Mission de Kilema, et quelques minutes après nous étions reçus à la Mission par le P. Auguste Gommenginger, supérieur, le P. Flick et le F. Blanchard.

C'est à la suite d'un voyage d'exploration fait au Kilima Ndjaro, en 1890, par Mgr de Courmont et les Pères Le Roy et Gommenginger, que fut décidée la fondation de cette mission, sous le vocable de Notre-Dame de Lourdes de Kilema.

Tandis que Sina, malgré ses promesses d'amitié, continuait à envahir les États de Ngaméni, et que les districts de Kibocho, Matchamé et Motchi étaient troublés par la guerre, Foumba, sultan pacifique, avait fait alliance avec le P. Le Roy. Devenu, suivant la mode du pays, frère de sang avec ce missionnaire, il se montrait désireux de voir s'installer à Kilema les grands sorciers de Dieu, et leur donnait pour cela toutes facilités.

Kilema fut donc choisi, et, le 8 septembre 1890, Mgr de Courmont et le P. Le Roy regagnant la côte laissaient le P. A. Gommenginger à Motchi, où M. d'Eltz, chef de la station allemande, se montrait heureux de garder près de lui le futur fondateur de la mission. Futur fondateur, en effet, car ce fut seulement le 9 février 1891, après l'expédition du major de Wissmann contre Sina, qu'on put se mettre à l'œuvre. Les constructions furent menées grand train, et l'on vit sortir de terre, sous l'impulsion vigoureuse du Père Rhomer, aidé du F. Blanchard, une grande chapelle et six belles cases.

Le P. Gommenginger s'occupait, pendant ce temps, des relations extérieures. Dès que la case destinée à

FOUMBA, SULTAN DE KILEMA. — DESSIN DE BIGOT-VALENTIN.

servir d'école put recevoir des élèves, il en vint quarante-cinq, dont les fils de Foumba et ceux de Maréale, grand chef du district de Marangu.

De leur côté, les Allemands n'avaient qu'à se louer des résultats obtenus : M. le baron d'Eltz avait établi d'une façon prépondérante sur tout le Tchaga l'influence de l'Allemagne. Il avait, comme allié, Mandara, le chef de Motchi, qui l'emportait alors en puissance sur tous ses rivaux. Sina, le puissant roi de la montagne, avait été vaincu par les troupes du major de Wissmann, malgré une résistance acharnée.

Mandara, déjà vieux, étant mort, son fils Méli lui succéda.

Inaugurant, avec de nouveaux officiers, une nouvelle politique où une administration toute militaire remplaçait les formes douces, quoique énergiques, du baron d'Eltz, le Dr Peters, commissaire impérial, abandonna le poste de Motchi, où il ne laissait que quelques Soudanais chargés de la garde du drapeau allemand. Il alla s'établir de l'autre côté de Kilema, à Marangu, chez le chef Maréale. Méli, jeune homme susceptible et ambitieux, fut froissé de ce procédé, et son irritation trouva de l'écho chez les autres chefs.

Une rixe sanglante, qui eut lieu entre les habitants de Kiroua et un Soudanais au service des Allemands, déclaima les hostilités.

En juin 1892, le capitaine de Bülow et le lieutenant Wolfrum, à la tête de cent vingt Soudanais, se portèrent sur Motchi ; Méli résista victorieusement, et les deux chefs allemands furent tués, en même temps que deux sous-officiers européens. A la nouvelle de ce désastre, la petite garnison de Marangu, au lieu de tenir bon, brisa les fusils qu'elle ne pouvait emporter et, abandonnant tout, se replia précipitamment sur la côte.

Pour Méli cette victoire fut un triomphe. Il se considéra déjà comme le maître de tout le Tchaga, se fit reconnaître comme principal roi par tous les chefs, et c'est à cette occasion qu'il se fit frère de sang avec le P. Gommenginger et en profita pour lui extorquer le plus possible d'objets à sa convenance.

Seuls Sina, l'implacable adversaire de Mandara, et Maréale refusèrent de se soumettre à Méli.

Les Allemands revinrent en août et reprirent Marangu ; mais ils se bornèrent à y laisser cent cinquante hommes sous le commandement du capitaine Johannès. C'était un aveu d'impuissance, Méli n'en triompha que de plus belle. Aussi, bien que la mission de Kilema lui payât tribut et qu'il fût frère de sang avec le Père Gommenginger, il se livra, à l'égard des Pères, à toutes sortes de vexations.

Mais, en juillet 1893, le Gouverneur de Scheele vint livrer bataille à Méli, à la tête de cinq cents Soudanais. Méli vaincu fit sa soumission ; les Allemands s'installèrent sérieusement à Motchi, et les Révérends anglais, accusés d'avoir favorisé Méli, furent renvoyés et allèrent s'installer à Taveta.

3 août. — Accompagnés du P. Gommenginger, nous partons ce matin pour Motchi, situé à cinq longues heures de marche de Kilema. Le sentier accroché au flanc de la montagne, à 100 ou 200 mètres au-dessus de précipices tapissés de verdure, est des plus accidentés.

Le paysage est magnifique, et à chacun des tournants de la route le décor change. Aux gorges ombreuses, au fond desquelles sautent des torrents, succèdent de vastes et profondes vallées ; leur sol gazonné semble glisser, comme un immense tapis vert, jusqu'au désert qui s'étend au pied de la montagne.

Après avoir croisé des femmes tchaga dont tout l'habillement consiste

KILEMA. UNE CASE TCHAGA. — DESSIN D'OULEVAY

en un morceau de linge de la grandeur d'une carte postale suspendu à une ficelle passant autour des reins, nous apercevons les cases du village de Motchi, au milieu duquel se dresse le fortin que les Allemands sont en train d'édifier sur le sommet d'une croupe dominant la plaine d'Aroucha.

Le capitaine Johannès est parti hier pour la côte, se rendant en Europe. Le lieutenant Eberhard,

UNE FORGE TCHAGA (PAGE 418). — DESSIN DE MIGNON.

commandant du fort en l'absence du capitaine, étant alité en ce moment, nous sommes fort aimablement reçus par le docteur Wideman. De la plate-forme couverte, armée de trois petites pièces d'artillerie dont l'une est pointée sur la case de Méli pour le tenir en respect, on a une vue magnifique sur l'immense plaine d'Aroucha et la forêt de Kahé. C'est une région fort giboyeuse mais qui, malheureusement, nous est interdite, pour le moment du moins. Il faut, en effet, presque en plein centre africain, une autorisation, un permis de chasse pour tirer un coup de fusil sur le territoire allemand. Heureusement que nous ne sommes qu'à une journée de marche du territoire britannique, sur lequel la chasse est libre.

Près du potager du fort, où de nombreux légumes d'Europe viennent à merveille, nous rencontrons Méli ; le docteur nous présente et nous nous serrons la main. Le fils de Mandara est un jeune homme d'une vingtaine d'années, au teint d'un brun très clair, à la figure ouverte et gaie. Les tresses fines et nombreuses de sa chevelure, rassemblées et enserrées par des lanières de cuir, se divisent en quatre queues de perruque qui viennent lui battre le nez, les tempes et la nuque. Bien drapé dans une pièce d'étoffe bariolée, il a grand air. Il marche accompagné de ses familiers et de ses ministres, presque tous fort jeunes.

Le lendemain à 3 heures, nous étions de retour à Kilema.

Les Allemands sont en excellents rapports avec les missionnaires français établis sur leur territoire. Pensant, avec raison, que ces hommes peuvent leur être utiles dans leur œuvre de colonisation, ils leur envoient de nombreuses graines d'Europe.

Les postes allemands de la montagne ont été avisés officieusement de ne jamais laisser les Pères manquer de médicaments. Il est vrai d'ajouter qu'un fonctionnaire protestant allemand qui ne se cacherait pas avec soin d'avoir des relations amicales avec un missionnaire, même catholique, n'aurait pas lieu de craindre d'être accusé de cléricalisme par les frères et amis, et de voir, par ce fait, son avancement compromis.

Plus pratiques et de meilleure foi que nous, Français, les Allemands reconnaissent les qualités de nos missionnaires. Tout en les respectant et les admirant, ils savent en tirer un parti que nous ne savons pas ou, plus exactement, que nous n'osons pas en tirer nous-mêmes.

Un certain nombre de bananeraies qui entourent la mission de Kilema lui appartiennent. Elles abritent et nourrissent, en ce moment, quatorze familles chrétiennes souahelis venant de Bagamoyo, trois familles massaï et quatre familles tchaga : ces sept dernières tiennent leurs bananeraies de la générosité des missionnaires ; elles ne sont pas encore chrétiennes, mais demandent à le devenir. Leurs enfants vont à l'école et au catéchisme avec les petits Souahelis, en même temps que trente-cinq enfants Tchaga et quarante-cinq Massaï.

Dimanche 5 août. — Dans la vaste chapelle de la mission, recouverte de larges plaques de zinc ondulé, l'assistance au saint sacrifice est assez nombreuse. Aux cent cinquante enfants, tant Massaï que Souahélis, adoptés par les missionnaires, se joignent un certain nombre de Tchaga. Le cérémonial, plus que modeste cependant, de l'office divin excite la curiosité de ces primitifs, et la plupart d'entre eux viennent assister à la messe comme à un simple spectacle dont ils ne saisissent nullement le sens. Parmi eux, entouré de ses ministres, Foumba, le roi du district de Kilema, se fait remarquer par sa belle stature. C'est un de ceux qui viennent le plus régulièrement ; mais il est bon d'ajouter qu'il ne s'en va jamais les mains vides. Il est surtout ravi quand il peut emporter quelques bouts de bougie.

À l'issue de la messe, mettant à profit la présence de ces braves gens, les missionnaires leur parlent de la religion catholique et s'efforcent de leur inculquer quelques notions de catéchisme, le tout accompagné de légers cadeaux destinés à entretenir leur assiduité.

En rentrant, le P. Gommenginger veut bien nous donner quelques détails sur les habitants de cette partie Sud du Kilima Ndjaro.

Le mot *tchaga* est surtout employé par les voyageurs souahélis de la côte, pour désigner les cinquante ou soixante mille habitants qui peuplent les pentes méridionales du Kilima Ndjaro entre 700 et 1 500 mètres d'altitude. Sur la montagne même, les Tchaga se distinguent entre eux par la dénomination du district où ils résident. À Kilema, ce sont les Oua Kilema, à Motchi, les Oua Motchi, à Kibocho, les Oua Kibocho, c'est-à-dire les gens de Kilema, de Motchi, de Kibocho.

La race tchaga n'est certainement pas une race pure. Parmi ces hommes, plutôt de taille moyenne, on remarque, en effet, une grande variété de types. Les uns, du plus beau noir, ont la tête ronde, la taille courte, le profil écrasé du nègre ; d'autres, au contraire, dolichocéphales, ont des nuances de peau qui vont jusqu'au brun très clair ; leur taille élancée et leur profil rappellent le type aryen. Ce sont, en général, des hommes bien proportionnés, robustes, alertes et courageux.

Ils n'emploient, pour la culture de la terre, que des instruments en bois, de forme primitive, dont ils tirent un parti étonnant. Ce n'est pas que le fer leur fasse défaut ou qu'ils ne sachent pas le travailler ; ce sont, au contraire, de remarquables forgerons qui savent transformer en épées à deux tranchants, en hachettes et surtout en magnifiques fers de lance si prisés des Massaï, le fer qui leur venait jadis du Paré et que les traitants leur livrent aujourd'hui sous forme de fil ou de petites barres.

Ils savent également, à l'aide d'une plaque de métal percée de trous, étirer le fer, à chaud, en un fil d'un diamètre voulu. Coupées suivant une génératrice, les spires de ce fil enroulé autour d'un mandrin leur donnent des anneaux, des bagues et des bracelets. Ces anneaux, soudés avec soin, après avoir été assemblés suivant le goût de l'artiste, forment des chaînettes et d'originales draperies, moins fragiles que la dentelle de

Malines ; les femmes aiment à étaler ces ornements sur tout le devant de leur corps.

L'installation d'une forge n'est ni coûteuse, ni compliquée. Un morceau de métal, ou simplement une pierre, tient lieu d'enclume ; des lingots de fer, emmanchés au bout d'un morceau de bois, constituent d'excellents marteaux, qui battent et soudent les fils ou les tiges de fer rougies sur un feu de charbon, avant de travailler la barre ainsi obtenue. La partie la plus curieuse de cette installation est certainement le soufflet. Il est fait d'une peau de

FORÊT DES ÉTATS DE FOUMBA (PAGE 414). — DESSIN DE GOTORBE.

chèvre formant outre. Le cou vient s'adapter sur un morceau de bois creux, garni lui-même d'un cône en fer débouchant sur le foyer. Les cuisses, bien séparées, sont fermées chacune par deux minces planchettes de bois que l'aide tient entre ses doigts. En ramenant la main vers lui et écartant les doigts, l'outre se remplit d'air, qui est refoulé sur le foyer par un mouvement inverse et alternatif de l'autre main.

Les forgerons sont considérés comme gens d'une classe inférieure, mais ils jouissent de ce privilège, qu'ils partagent du reste avec le roi, qu'en temps de guerre ils ne sont jamais tués. On peut les faire prisonniers, mais non les massacrer. Les Tchaga aiment les familles nombreuses. L'enfance du jeune Tchaga s'écoule libre et joyeuse au milieu des vertes bananeraies. Au Kilima Ndjaro, il n'y a pas d'agglomération de cases pouvant,

JEUNES FILLES TCHAGA — DESSIN DE MIGNON.

à proprement parler, constituer un village. Chaque famille vit au milieu de sa bananeraie, close par des haies de dracénas. Là, deux ou trois cases abritent parents, enfants, bétail, et esclaves, s'il y en a. Placée un peu plus loin, pour la mettre à l'abri d'un incendie des cases, se dresse, sur pilotis, hors de la portée des rats, une petite construction toute ronde renfermant les bananes, le mil, les haricots, etc.; c'est le grenier.

La jeune fille aide aux soins du ménage et, avec les autres femmes, pile le grain, va chercher l'eau, ramasse les herbes destinées à la nourriture des bœufs et des vaches seulement. Tout ce qui concerne la garde, la litière et la nourriture des *chèvres* est du domaine de l'homme. C'est également lui qui coupe en minces rondelles les troncs de bananiers destinés à abreuver les bestiaux.

La nourriture des Tchaga est surtout végétale. Ce n'est pas qu'ils aient de l'aversion pour la viande: ils en sont, au contraire, très friands et le sang tout chaud est pour eux un régal; mais il n'y a que les gens très riches qui peuvent se permettre un pareil luxe; encore ne tue-t-on une chèvre, et surtout un bœuf, que dans les grandes occasions.

Ce qu'ils apprécient par-dessus tout, c'est le *timbo*, boisson fermentée faite de farine de millet et de bananes: ils en font une énorme consommation. Dans les grands *timbos*, donnés, par exemple, après l'exécution d'un travail important, ou lorsque la tribu est sur le point de partir en expédition, on tue un ou plusieurs bœufs. La viande est mangée crue par les uns; les autres la font cuire, plus ou moins légèrement, après l'avoir coupée par petits morceaux qu'ils enfilent sur des brochettes de bois. Lorsque la jeune fille tchaga arrive à l'âge nubile, elle est confiée pendant quatre ou cinq mois aux bons soins d'une matrone chargée de parfaire son éducation.

Le jeune homme que ses charmes captivent va faire sa demande au père et discute le prix. Dans le district de Kilema, ce prix varie généralement de trois chèvres à un bœuf. L'affaire conclue, les jeunes gens sont fiancés. Pendant les fiançailles, qui durent plus ou moins longtemps, suivant l'empressement que met le fiancé à payer à son futur beau-père le prix convenu, il doit donner en outre à celui-ci vingt ou trente jarres de timbo et deux chèvres sur les quatre qu'il est tenu de tuer en deux fois. Le prix convenu payé intégralement, ici, comme au Taïta, le mariage débute par un rapt simulé, et la jeune fille, rapportée chez son seigneur et maître, y reste enfermée pendant un mois. Deux ou trois jours après ce rapt simulé, il y a grand *timbo*. À l'issue de cette fête, le mari, à son tour, est enfermé dans une autre case. Pendant tout un mois, il ne peut sortir de cette prison que la nuit, et il lui est formellement interdit de voir sa femme. Le mois écoulé, le mari rentre dans la case où sa femme est restée enfermée. Chacun des époux y apporte une ou deux pierres, prises aux foyers paternels, pour constituer une partie de leur nouveau foyer, et bien montrer ainsi que leur intention est de vivre ensemble. Ces cérémonies du mariage sont les mêmes, à quelques variantes près, dans tous les districts de la montagne.

La polygamie est autorisée chez les Tchaga; mais c'est plutôt une exception, car la femme coûte cher. Lorsqu'il y a plusieurs femmes, la première épouse est toujours la plus considérée; les autres lui doivent obéissance. Chacune des femmes a sa case et sa bananeraie, où elle vit avec ses enfants.

Les chefs, les personnages importants, les riches, savent se draper avec beaucoup de goût et de dignité dans de larges pièces d'étoffe qui les couvrent entièrement, ou laissent seulement une épaule et un bras à découvert. Les gens moins fortunés s'attachent négligemment, sur l'épaule, une loque qui descend jusqu'où elle peut, ou bien se vêtent d'une peau de chèvre ou de *mbélélé*.

Un large pagne, enroulé autour des reins ou au-dessus de la poitrine, laisse toujours à nu les bras et les épaules des femmes.

Quand les Tchaga se mettent en route, beaucoup parmi eux portent suspendu au bas des reins un triangle de peau ayant la forme d'un chapeau de gendarme : c'est un siège portatif que seuls, dans certains districts du Kilima Ndjaro, comme à Kibocho, par exemple, les hommes ont le droit de porter.

Pas plus qu'ailleurs, la coquetterie ne perd ici ses droits. Hommes et femmes aiment à enrouler autour de leur cou des chaînettes de fer ou de cuivre et des colliers de verroterie soutenant une petite corne de chèvre, leur tabatière. De massifs bracelets d'étain ou de perles enserrent bras et jambes, chevilles et poignets, et, dans toute la race noire, l'amour de cet ornement rappelant l'esclavage est tel que ceux qui ne possèdent rien s'attachent une ficelle au bas du mollet.

Nulle cérémonie n'accompagne la mort. Les célibataires, les gens mariés qui n'ont pas eu d'enfant sont portés à une certaine distance, dans les bois ou la brousse. Leurs cadavres y sont abandonnés recouverts de quelques feuilles. Les petits enfants sont simplement jetés dans la bananeraie ; les hyènes et les vautours se chargent de ces sépultures. Le père est enterré dans la case à droite de la porte, la mère à gauche, et les autres habitants de cette demeure continuent à vivre au-dessus de ces fosses, profondes à peine de 70 centimètres à un mètre. Au bout d'un an, le corps est exhumé et jeté dans la brousse, à l'exception de la tête. Celle-ci, enfermée dans un tronc d'arbre creux, ou dans une jarre, est placée dans la bananeraie ; c'est un bon génie, un gardien et un protecteur pour la « chamba ».

Les Tchaga croient à un au delà, comme ils croient à l'existence d'un Esprit bon et d'un Esprit mauvais. C'est à ce dernier que s'adressent la plupart de leurs sacrifices, car il s'agit de se le rendre favorable. Le Dieu qu'ils adorent n'est pas un être personnifié comme le Soleil, mais un Esprit, maître de tout, aussi bien des Blancs que des Noirs. En dehors de la subsistance de l'ombre humaine, la vie de l'au delà est chose fort confuse pour eux.

(*A suivre.*)   JOSEPH CHANEL.

PORTE D'UNE BANANERAIE (PAGE 414). — DESSIN DE BOUDIER.

LA SALLE DE RÉCEPTION DE FOUMBA (PAGE 429). — D'APRÈS UNE PHOTOGRAPHIE.

VOYAGE AU KILIMA NDJARO[1].

PAR M. JOSEPH CHANEL

IV

TCHACOULA, LE CUISINIER DE LA MISSION,
TYPE MASSAÏ.
DESSIN D'OULEVAY.

A la mission, dès le lever du jour, c'est-à-dire à 6 heures du matin, pendant toute l'année, la petite ruche humaine est en mouvement. La grande occupation des enfants en ce moment est de faire des briques qui serviront à édifier des constructions moins primitives que celles existant actuellement. Le Père Gommenginger panse quelques plaies, en attendant que l'heure soit venue de faire « la classe », tandis que l'infatigable Frère Blanchard rabote des planches, prépare les portes et les fenêtres des nouveaux bâtiments, déballe ou range dans le magasin les colis apportés de la côte par la dernière caravane.

Pour ceux qui sont portés à croire que les missionnaires vivent dans un certain luxe, je dirai simplement que notre chambre, la plus belle et la plus confortable de la Mission, a un parquet de terre battue, quatre murs en pisé et un plafond d'où tombent, de temps en temps, quelques morceaux de terre. L'ameublement se compose d'un lit de sangle, d'une table, d'une petite armoire et de deux chaises, le tout fabriqué sur place par le Frère Blanchard.

Quant à la cuisine, elle est à peu près immangeable. Pourtant, en notre honneur, il y a chaque jour un plat de viande, — chose rare, — un ragoût de chèvre en l'espèce. La sauce, fort peu appétissante, doit probablement tirer sa couleur des mains du cuisinier, un joli enfant massaï répondant au nom de Tchacoula. La soupe est dans le même goût ; aussi se rattrape-t-on sur les pommes de terre frites. Par ce menu de gala, on peut se faire une

1. *Suite. Voyez p.* 393, 397 et 409.

idée du régal quotidien de ces Européens qui, pour boisson, n'ont que le *timbo* local), à la banane et au mil fermentés. Inutile de dire que les estomacs, délabrés par le climat et par cette nourriture mal préparée, font peu d'honneur au repas. Les ressources cependant ne manquent pas aux missionnaires de Kilema, comme à bien d'autres, mais il n'en est pas de même du savoir-faire.

Pendant les années de noviciat, les jeunes gens qui se destinent aux missions ne reçoivent vraiment pas une instruction suffisamment pratique. Ils s'embarquent, théologiens distingués, mais une fois en route, et arrivés dans l'intérieur du pays qu'ils doivent évangéliser, ils sont absolument incapables de préparer leurs aliments d'une façon convenable. L'art de faire une simple soupe aux légumes ou de griller une côtelette leur est souvent inconnu, et je dois dire que ce fut, pour les Pères de Kilema, une révélation quand mon camarade Gautier, après avoir regardé de travers, deux ou trois jours de suite, le quotidien ragoût de chèvre, prit d'une main ferme la cuiller du pot-au-feu et la queue du gril. De ce côté-là, du moins, notre passage à Kilema n'aura pas été inutile. Le P. Flick, après avoir appris à manger les jeunes artichauts à la croque-au-sel, il en tripla de suite les plants, — put enseigner au cuisinier l'art des grillades de viande et diverses façons d'apprêter les nombreux et abondants légumes du potager.

Quant au P. Gommenginger, l'appétit lui était revenu subitement. Lui qui laissait passer flegmatiquement les plats de Tchacoula sans y toucher, avait demandé à Gautier, lorsqu'il faisait la soupe, de remplir la soupière jusqu'aux bords. Quand nous leur disions, à ces missionnaires si mal armés pour la vie du soldat en campagne qu'ils mènent constamment, qu'à côté de leurs études théologiques ils devraient au moins avoir quelques notions de cuisine pratique, il nous était facile de voir que nous prêchions à des convertis.

Comme tous les autres, ils avaient quitté la France pleins d'enthousiasme, ne pensant qu'à se rendre au plus vite dans les régions lointaines et sauvages, pour y porter la parole de Dieu. Quant à leur nouveau genre d'existence, quant aux privations et aux maladies qu'ils allaient affronter, avec le beau « je m'en fichisme » si français et qui nous donne souvent de si tristes résultats, ils les considéraient comme choses secondaires et indignes de leurs préoccupations. Semblables aux jeunes soldats, ils étaient partis ne rêvant que martyre, sans se préoccuper du pain qui, en donnant les forces nécessaires pour supporter les longues fatigues de la campagne, permet d'arriver au but.

Le plus curieux, c'est que parmi leurs directeurs il ne se soit trouvé personne pour leur dire que le soldat comme le missionnaire qui ne sait pas faire sa cuisine en campagne est vaincu d'avance.

Lorsqu'on retrouve, en Asie ou en Afrique, les survivants de ces jeunes hommes pleins de santé, actuellement aux prises avec l'anémie et la dyspepsie provenant, pour une bonne part, de leur mode défectueux d'alimentation, ils ne pensent plus comme au moment du départ de France. Ils admettent alors fort bien que certaines modifications apportées dans la sainte routine des études du noviciat ne seraient pas sans utilité.

LE PERSONNEL DE LA MISSION DE KILEMA. — D'APRÈS UNE PHOTOGRAPHIE.

Ce qui me semble le plus étonnant, et aussi, je l'avoue, le plus incompréhensible, c'est que ces mêmes missionnaires, épuisés et souffrants, comprenant alors qu'il serait bon d'instruire et de prémunir leurs successeurs, n'en font absolument rien lorsque, à leur tour, ils sont, par hasard, nommés directeurs d'un noviciat. Rappelés en France, ils oublient les souffrances et les privations qu'ils auraient pu prévenir et qui

LE MARCHÉ DE KILEMA. — D'APRÈS UNE PHOTOGRAPHIE.

ont détruit leur santé — et les nouveaux missionnaires formés par eux partent aussi inexpérimentés, aussi mal armés que leurs devanciers. L'expérience, la perte de la santé, la mort faisant de sombres coupes parmi les jeunes missionnaires anémiés, en grande partie par la faute de leurs éducateurs, tout cela ne sert à rien. Au noviciat la règle est la règle, la routine est la routine.

En résumé, on peut dire que si les jeunes missionnaires partent fort bien préparés au point de vue moral, il en est tout autrement au point de vue matériel. Une fois arrivés à destination, ils ne s'occupent en rien de leur santé, imposant à leurs corps, sous un climat meurtrier, des fatigues et des privations auxquelles ils pourraient remédier, dans une certaine mesure, si on le leur avait appris.

Aussi qu'arrive-t-il ?

Un rapide coup d'œil jeté sur le tableau nécrologique des missionnaires de la côte orientale d'Afrique va nous l'apprendre.

Dans ces dix dernières années, sur 48 missionnaires envoyés dans le Zanguebar, il en est mort 21. Sur ces 21, 13 ont disparu dans les cinq premières années de leur séjour, soit 5 moins de deux ans après leur arrivée, 2 au bout de trois ans, 2 après quatre ans et 4 dans leur cinquième année de mission.

La conclusion est facile à tirer de cet exposé. En accordant que 5 d'entre eux aient été enlevés par les maladies qui les ont saisis presque à leur arrivée, on peut avancer hardiment que les 8 autres, après trois, quatre et cinq années de dépenses physiques non suffisamment compensées, sont morts par suite de surmenage et de privations. La durée de leur existence eût certainement été prolongée s'ils avaient su et se nourrir et se soigner.

Et combien parmi les survivants ont été obligés de revenir passer en France six mois ou un an pour essayer de rétablir leur santé compromise, afin de pouvoir retourner dans leur mission !

Au point de vue de la stricte administration, apprendre aux missionnaires à savoir se nourrir, et même faire des dépenses supplémentaires pour leur envoyer des aliments, des conserves, du vin, serait une économie réelle en même temps qu'un acte de charité envers ses semblables. Grâce à une meilleure nourriture, l'anémie serait plus lente à envahir l'individu ; en douze années de mission, beaucoup d'entre eux pourraient économiser à la maison mère un ou deux voyages en France et donner un travail effectif plus considérable. De cette façon tout le monde y gagnerait.

Ce que je viens de dire au sujet de la nourriture et de la cuisine, je pourrais le dire au sujet des notions de médecine. Certains missionnaires, comme ceux des Missions Étrangères, emportent avec eux quelques vagues données sur l'emploi des médicaments ; d'autres partent pour les pays les plus malsains, sans savoir de quelle façon combattre les maladies qui les attendent.

Plus d'une fois, en route, j'ai vu, rangés dans la chambre du missionnaire, vingt ou trente flacons contenant divers médicaments. La plupart d'entre eux étaient intacts ; ils renfermaient pourtant la vie de bien des gens qui, confiants dans le savoir de l'Européen, du seul blanc vivant au milieu d'eux, étaient venus lui demander de les guérir. Combien de ces pauvres sauvages, combien de ces noirs le missionnaire a vus mourir près de lui, gémissant sur son ignorance, alors qu'il avait sous la main le médicament sauveur ! Oui, mais il ne savait pas.

Une demi-heure d'étude par semaine, pendant son noviciat, lui aurait suffi pour acquérir ces notions de médecine. Grâce à elles, bien souvent, il aurait pu en même temps que le corps sauver l'âme, qui serait venue à lui par reconnaissance.

Parmi les vieux missionnaires, un certain nombre, après des années de tâtonnements et d'expérience personnelle, sont arrivés à acquérir, par la pratique, ces précieuses notions qui leur permettent de rendre de grands services. Ils sont les premiers à reconnaître que c'est un des meilleurs moyens pour attirer les gens, gagner leur confiance, et qu'il serait à souhaiter que tout missionnaire fût suffisamment instruit sur ce point.

Mardi 7 août. — Un marché assez important se tient aujourd'hui à un quart d'heure de marche environ de la mission.

Il y a là plus de huit cents femmes, de tout âge, dont les nuances de peau varient du noir cirage au bistre clair. Celles qui ont fait toilette ce matin, en se barbouillant de la tête aux pieds avec du beurre mélangé à la terre rouge de Kilema, donnent une note brique foncée moins désagréable à l'œil qu'à l'odorat. Elles ont presque toutes, comme vêtement, une pièce d'étoffe jadis blanche. Quelques pagnes bariolés ou de couleurs voyantes égayent cet ensemble assez terne. Ce vêtement s'attache tantôt à la ceinture, tantôt au-dessus des seins.

Sauf deux ou trois de nos porteurs venus pour faire quelques emplettes, il n'y a pas un homme au marché.

Nous circulons au milieu de ce fouillis humain grouillant sans ordre aucun, enjambant des régimes de bananes, des sacs pleins de mil pour le *timbo*, écrasant des patates ou butant contre des sacs faits de feuilles de bananier et renfermant une terre salpêtrée. Ce sel de potasse, que les esclaves des Tchaga vont recueillir à certains endroits du pori d'Aroucha, sert à assaisonner les aliments. Il joue un grand rôle sur le marché tant comme objet de vente que comme article d'échange. La monnaie, en effet, n'existe pas ici, à moins qu'on ne veuille considérer comme telles les verroteries, le linge et le fil de cuivre venant de la côte.

Samedi 11 août. — Désireux de chasser, nous redescendons dans le pori accompagnés du supérieur de la Mission et choisissons, pour camper, un emplacement situé sur le bord de la forêt de Kahé. Le terrain aride et rocailleux est parsemé d'arbres rabougris. Aux branches des plus grands sont suspendus des billots

PONT EN SERVICE DE RAPHIA SUR LE LOUMI (PAGE 426). — D'APRÈS UNE PHOTOGRAPHIE.

TOUMBA ET DJIAMBÉ (PAGE 429). — D'APRÈS UNE PHOTOGRAPHIE

de bois creusé où viennent se fixer les essaims d'abeilles en quête d'un domicile. Nous sommes ici sur un éperon du territoire anglais pénétrant d'une façon assez notable dans la partie allemande. Les ruches d'abeilles ne seraient pas étrangères à ce fait, paraît-il, car voici, sous toute réserve, ce que l'on raconte :

Lorsque la commission de délimitation anglo-germanique eut à établir la ligne frontière des territoires allemand et britannique, elle tint particulièrement compte des accidents de terrain. Arrivée dans l'immense plaine qui s'étend entre Taveta et Kahé, elle ne sut trop sur quoi se baser. L'idée fut alors émise que, Taveta étant sur territoire anglais, on pourrait équitablement considérer comme anglaise toute la partie de la plaine sur laquelle les gens de Taveta avaient, en quelque sorte, fait acte de propriété en accrochant des ruches aux arbres. Cette proposition ne fut pas perdue pour tout le monde, et, quand la Commission de délimitation reprit ses travaux, la poursuite de ces ruches lui fit faire un notable crochet vers l'Est, et donna aux Anglais toute cette partie du terrain.

Mardi 11 août. — Après une tentative de chasse infructueuse dans la forêt de Kahé, nous voici de nouveau installés à Loutchoro, et c'est avec plaisir qu'au matin nous nous retrouvons dans l'immense plaine où nous avons déjà fait de si beaux coups de fusil.

En quatre jours, nous jetons bas sept zèbres et seize grandes antilopes.

Le 17, vers midi, les porteurs envoyés à Kilema reviennent accompagnés de plusieurs chrétiens de la Mission, ce qui nous permet d'expédier, le soir même, de nouvelles caravanes chargées de viande, l'une sur Taveta et l'autre sur Kilema.

Un Massaï et deux hommes de Taveta, aimables parasites qui du reste avouent franchement ne nous suivre « que dans l'espoir d'avoir encore beaucoup de viande à manger », s'offrent pour nous conduire au marais du Rhombo. On nous parle des alentours de ce marécage comme d'un merveilleux territoire de chasse : aussi décidons-nous d'y transporter nos tentes. Après trois heures de marche, un bouquet de grands arbres nous attire par son ombrage. Les hommes se mettent de suite à débroussailler à grands coups de coutelas, et bientôt nos tentes se dressent, les feux s'allument : c'est le campement du Rhombo. Le marais, tout proche du camp, est un vaste espace de terrain détrempé où la boue et l'eau disparaissent sous un épais manteau de hautes herbes et de joncs. Un sentier frayé par les animaux en côtoie le bord et nous fait passer devant de petits arbustes au feuillage épais, transformés en postes d'affût par les chasseurs indigènes.

Mardi 21 août. — Comme nous terminons notre repas du soir, après deux jours de chasses fructueuses, nous voyons trois voyageurs armés de l'arc et du cimé se diriger vers les tentes.

C'est le grand sorcier des Kamba accompagné de deux indigènes, qui viennent nous saluer.

Le sorcier, long et maigre, porte suspendu à son cou, outre sa tabatière, plusieurs amulettes. Un Kamba le suit, chargé d'une quantité de petites courges renfermant les médicaments et les ingrédients nécessaires à l'exercice de la double profession de médecin et de sorcier. Son autre compagnon est un Tchaga, beau garçon à la figure ouverte, que Mareale, se sentant malade, a dépêché dans l'Ou-Kamba pour lui ramener ce sorcier dont la réputation s'étend au loin.

Mon premier soin, après avoir répondu à leur salut, est de les photographier. Comme ils se prêtent de fort bonne grâce à cette petite opération, il leur est octroyé à chacun une épaule d'antilope. Nous sommes bientôt les meilleurs amis du monde.

Gautier, désireux de faire connaître à ce personnage les produits européens, lui sert successivement des confitures, de la chartreuse, du vin, du rhum et du cognac. Par sa mimique il nous fait comprendre que toutes ces choses inconnues sont délicieuses. Devenant bientôt expansif, il ouvre ses petites gourdes, nous montre les médicaments qu'elles renferment : des simples, du tamarin pilé, etc., et promet de nous dévoiler ses secrets quand nous nous reverrons à Kilema.

Pour le moment, pressé de se rendre à l'appel du sultan de Marangu, il n'en a malheureusement pas le temps. Dans l'intérêt de son malade, j'ai toutes les peines du monde à empêcher Gautier de lui faire déguster de nouvelles choses, et c'est très ému qu'il nous quitte pour suivre son guide. Je doute fort que Mareale le voie cette nuit.

Jeudi 23 août. — Pendant le déjeuner nous voyons arriver un grand diable de noir, long et maigre comme une perche. C'est un confrère malheureux, un chasseur kamba qui vient nous demander un peu de viande. Depuis quatre jours il n'a tué aucun animal et, par suite, rien mangé. Séance tenante on lui octroie toute la cage thoracique d'un congoni. Silencieusement il plante en terre un long piquet, y accroche sa portion, allume son feu, tire son couteau et détache un filet long de quarante centimètres. Alors, accroupi près du foyer, il mange. D'un mouvement automatique la main gauche porte à la bouche le long filet saignant et cru, les dents en saisissent une partie ; le couteau manœuvré par la main droite passe à quelques centimètres des lèvres et le morceau disparaît. Le filet tout entier est ainsi avalé en quelques minutes.

Se sentant mieux, le brave homme nous demande alors la permission de nous amener ses deux compagnons de chasse et de jeûne. Ils ne tardent pas beaucoup à se montrer. Cachés non loin du camp, ils devaient attendre

CHAPELLE DE LA MISSION PROTESTANTE A TAVETA. — DESSIN DE BOUDIER.

avec impatience leur camarade, plus brave qu'eux, pour connaître l'accueil qu'il avait reçu.

Inutile de dire qu'ils font honneur aux côtelettes moitié sang, moitié charbon, et qu'il faut, pour le soir, leur donner un nouveau quartier d'antilope.

Par amour du changement nous décidons de regagner Kilema, et, le soir même, nous allons demander à dîner au Révérend Steggall, chef de la mission protestante de Taveta.

Un des Révérends, un Bulgare, nous fait visiter le potager, la bananeraie, les défrichements récents de la mission. La promenade se continue sous les magnifiques arbres de la forêt que les dernières heures du jour parent d'une poésie tout à la fois douce et triste.

Sur le bord du Loumi, que traverse un gracieux et léger pont fait entièrement de nervures de raphia, s'élève la chapelle que les missionnaires anglais sont en train d'édifier. Là encore, presque toute la charpente

LE GRAND SORCIER. — LE CHASSEUR AFFAMÉ. — D'APRÈS UNE PHOTOGRAPHIE.

est en nervures de raphia, et le toit recouvert de chaume donne à cette construction de forme originale un air tout à fait champêtre.

De retour à Kilema, nous remarquons un certain mécontentement de la part des porteurs vis-à-vis de Souedi, le chef de la caravane. Gautier se livre à une petite enquête.

Nous-mêmes, depuis la conduite bizarre de Souedi, lors de notre excursion au lac Chala, nous ne sommes guère satisfaits de lui. L'homme de confiance que nous avait envoyé en cours de route Mgr de Courmont, Pierre-Marie, et Rubini, chef des askaris, interrogés, Gautier apprend : que Souedi a volé du linge aux distributions de *pocho* à M' Kouloumi et à Boura ; qu'il a détourné une notable quantité de la viande expédiée de Loutchoro et du Rhombo à Taveta, pour en faire des largesses à ses amis ; que sur les objets obtenus en échange de notre chasse il a mis de côté, pour lui, la farine et n'a distribué aux porteurs que les bananes et les haricots du pays ; qu'il connaissait parfaitement la route pour aller de Loutchoro au lac Chala. Froissé de ce que nous ne lui avions pas fait part, la veille, de nos projets, non seulement il avait dit ne point connaître le chemin, mais il avait, de plus, défendu aux porteurs de nous l'indiquer ; qu'enfin, ce matin même, sans demander la moindre autorisation, il avait envoyé deux hommes à Motchi pour lui chercher un objet quelconque.

N'ayant plus confiance dans Souedi, nous décidons, séance tenante, d'épurer notre caravane.

A 2 heures de l'après-midi, Rubini part pour Mombaz avec 18 hommes comprenant les malades et les mauvaises têtes. Il remettra à M. Dick une lettre relatant tous nos griefs contre Souedi, dont on lui annonce la prochaine arrivée à la côte. De plus, Rubini est chargé de former une caravane de 25 hommes pour nous ravitailler. Il part content, emportant la promesse d'être nommé chef de la caravane à son retour, s'il s'acquitte bien de sa mission.

Quant à Souedi, qui n'a l'air de se douter de rien, nous le gardons quelques jours encore près de nous pour permettre à Rubini d'agir sans entrave. Une certaine animation règne aujourd'hui à la mission, car c'est jour de beurrage. Les trous creusés pour extraire l'argile destinée à la fabrication des briques et au fond desquels l'eau des pluies s'est accumulée, sont transformés en baignoires par les gamins qui, après y avoir barbotté, viennent se grouper autour d'un des missionnaires. Celui-ci plonge une cuiller dans un pot de beurre et chacun reçoit sa portion dans le creux de la main ou sur un morceau de papier.

Se retirant alors à l'écart ils mettent habit bas et se frottent de la tête aux pieds. Ce graissage a lieu tous les quatre ou cinq jours et rend ces petits Tchaga et ces petits Massaï aussi luisants que joyeux.

LA CARAVANE DANS LA GRANDE FORÊT (PAGE 430). — D'APRÈS UNE PHOTOGRAPHIE.

Vendredi 7 septembre. — Après une nouvelle excursion de chasse dans le pori, accompagnés cette fois du P. Flick, notre premier soin est de nous débarrasser de Souedi en l'adressant à M. Dick.

Dans l'après-midi, le P. Flick, Gautier et moi allons visiter un des villages de Foumba où se trouvent des souterrains destinés à mettre bêtes et gens à l'abri en temps de guerre. Foumba est justement dans ce village. Sa case, de forme rectangulaire, est un ajustage de planchettes provenant de vieilles caisses à vermout. La chambre royale, au parquet de terre battue, est garnie d'une sorte de lit de camp ; divers récipients qui ont contenu, contiennent ou contiendront du *timbo* complètent l'ameu-

LE KIBO VU À 3 000 ET À 4 500 MÈTRES D'ALTITUDE. — DESSINS DE BOUDIER.

blement, qui remplit l'air d'un parfum bien doux aux narines du sultan.

La salle de réception, tout à côté de la case, se compose, à proprement parler, d'un toit de chaume soutenu par quelques poteaux entre lesquels aucun obstacle ne s'oppose à la circulation de l'air. C'est là que le roi de Kilema passe doucement son temps à boire, entouré de toutes jeunes servantes, ses futures femmes.

Nous prenons place sur un bois de lit dont le cadre est orné d'un fond en cordes tressées remplaçant avantageusement le sommier dans les pays chands. Aux pieds de Foumba installé dans un fauteuil pliant, ministres et femmes viennent s'accroupir. Aussitôt le *timbo* nous est apporté dans une calebasse fixée au bout d'un long manche. Notre hôte, avant de nous l'offrir, en boit une bonne gorgée pour nous prouver que ses intentions sont pures. Moualimou étant délaissée, par suite d'un désaccord survenu dans le ménage royal, nous demandons à voir la favorite du moment. Mme Bolamlaké est une assez jolie personne pour une femme Tchaga ; elle est bien faite, mais sa physionomie est loin de dénoter une finesse extrême. Désireux de photographier ce couple, j'incite Foumba à prendre sa favorite sur ses genoux. « On n'agit pas autrement », lui dis-je, dans les pays civilisés. Mais sa perplexité ne faisant que croître, — la femme étant considérée ici à peu près à l'égal d'un meuble, — nous prenons un moyen terme en plaçant Bolamlaké à côté de lui, sur le même fauteuil. le bras de l'un passé autour du cou de l'autre.

Comme le brouillard se dissipe peu à peu sur les cimes de la montagne et que le temps est fort beau, nous décidons de commencer demain l'ascension du Kilima Ndjaro.

Les trente porteurs qui doivent nous accompagner reçoivent dix couvertures, une pour trois, — c'est tout ce que nous pouvons faire, — et une double distribution de *posho*. Le lendemain à 11 heures nous quittons la Mission, et dans la soirée nos tentes se dressent en pleine forêt, au centre d'une vaste clairière.

Il est 7 heures du matin quand nous reprenons notre ascension. La caravane entre de suite dans la forêt. Le sentier fort étroit serpente au milieu de grandes herbes et de plantes des régions tropicales. De nombreuses fleurs, semblables à des glaïeuls, jettent des notes jaunes et rouges sur tout un fouillis d'arbustes aux feuilles découpées, tandis qu'au-dessus de nos têtes se balancent les voûtes vert sombre de la haute futaie.

Le silence religieux des grands bois est maintenant troublé par un léger sussurement qui va grandissant tandis que nous approchons d'un ravin d'une fraîcheur exquise. Quelques pierres nous permettent de franchir un ruisselet qui tombe de cascatelle en cascatelle sur des roches couvertes de parasites et d'un tapis de mousse comme si elles craignaient de rayer de leurs arêtes trop vives le cristal qui les caresse. Il y a là des sous-bois, des coins de verdure d'une beauté, d'une sauvagerie, d'une poésie indescriptibles. Tout le long de ce petit cours d'eau, source de vie, surgissent des arbres magnifiques, piliers superbes d'une cathédrale de verdure dont les voûtes tremblantes seraient de feuillages et les murailles une merveilleuse draperie de lianes aux pendentifs fleuris. Des balsamines et de nombreuses autres fleurs rehaussent de violet, de rose, de jaune, cette merveilleuse végétation.

Les géants effondrés sous le poids des ans gisent dans un linceul de capillaires et de mousse. Sur leurs troncs pourris les parasites jettent une verte tunique brodée d'orchidées. C'est la nature elle-même dans son merveilleux chaos, la nature que l'homme ne peut pénétrer que le sabre d'abatis à la main et en foulant des siècles de choses mortes où la vie présente puise son surcroît de sève.

Au fur et à mesure que nous nous élevons, les traces d'éléphants deviennent plus nombreuses. Les arbres se rapetissent ; à leurs troncs noueux poussent des branches multiples. Plus trapus, plus serrés les uns contre les autres, ils semblent déjà se prémunir contre le froid. La forêt des climats tempérés a remplacé la serre chaude des tropiques ; l'air se rafraîchit notablement, et, revivifiés par cette température d'octobre, nous montons toujours.

Encore une fois la forêt a changé d'aspect. Les arbres frileux s'enveloppent de parasites. Au-dessus de 2 500 mètres, nous ne voyons plus guère que des bruyères arborescentes. L'humidité froide suinte partout : c'est la sombre forêt des pays du Nord. Les arbres ont sorti leurs fourrures : manteaux de lichens et pelisses de mousse au long poil.

On comprend facilement que cette forêt sombre, humide et triste, impressionne et effraye les gens du bas de la montagne, habitués au chaud soleil et à la fraîche verdure des bananeraies. Aussi est-ce toujours avec une crainte religieuse qu'ils traversent les grands bois que leur imagination peuple de génies et au-dessus

desquels, au milieu de vastes espaces déserts, se dresse dans toute sa majesté l'étincelant Kibo, la demeure du *Ngai*. Subitement à 3 000 mètres d'altitude, après quatre heures d'ascension, nous passons de la pénombre à la pleine lumière, la forêt cesse brusquement. Un immense espace s'étend devant nous, nu, désert et froid, s'élevant et se terminant en deux pointes colossales, le Kimaonenzi et le Kibo. Au moment où nous débouchons sur cette steppe, les glaciers resplendissant au soleil nous arrachent un cri d'admiration ; mais bientôt un voile de nuées vient les

LA PREMIÈRE MESSE DITE EN AFRIQUE À 3 300 MÈTRES D'ALTITUDE. — D'APRÈS UNE PHOTOGRAPHIE

cacher à nos regards. Les premiers plans de cet immense espace sont couverts d'une herbe haute et épaisse d'où émergent quelques bouquets isolés de bruyères arborescentes. Puis l'immense plaine se continue en une pente d'abord assez douce coupée par des ressauts de terrains et des ravins. La pente devient plus rapide, les rochers forment des étages plus rapprochés, l'espace se rétrécit et se limite enfin entre le Kimaonenzi et le

LE KIBO À 5 200 MÈTRES D'ALTITUDE. — DESSIN DE BOUDIER

Kibo en une selle de 12 à 14 kilomètres de longueur. Le campement s'établit à l'orée de la forêt. Dans la soirée le thermomètre marque 7° centigrades, et les hommes, serrés les uns contre les autres autour des feux, grelottent sous les coups d'aile d'une froide brise.

La lune est dans son plein et l'atmosphère d'une pureté inouïe. Nulle brume ne voile le Kibo et le Kimaouenzi : celui-ci, à peine tacheté de neige, dresse vers le ciel ses arêtes dentelées. Lui faisant face, le dôme neigeux du Kibo semble phosphorescent dans la nuit. Miroir immense, il radie vers l'infini les rayons de la lune : magnifique et grandiose spectacle d'une ineffable beauté. Le lendemain au matin le thermomètre marque 8° ; le vent est tombé, il fait un temps délicieux.

Mercredi 12 septembre. — Dès que vers 11 heures les hommes envoyés à Kilema pour y chercher la boîte de mission oubliée par le Père sont signalés, ordre est donné de lever le camp et, à 11 heures et demie, nous nous mettons en route, suivant une direction reconnue par mes compagnons. A partir d'ici, en effet, nous sommes nos propres guides, car il n'est jamais venu à l'idée d'un indigène de monter au delà de la grande forêt. Mourrait sûrement en route celui qui voudrait arriver à la demeure du *Ngaï*, de Dieu.

Pendant plus de cinq heures nous montons au travers d'un paysage grandiose par son immensité ; aux grandes herbes ont succédé des rochers tapissés de larges plaques de lichen et de vastes espaces couverts de sable où toute vie semble avoir pris fin. Cependant nous y rencontrons des traces de grandes antilopes et de buffles. Gautier a même l'occasion de tirer, sans succès malheureusement, une sorte de mouton sauvage au poil roux. Les dernières fleurs que nous cueillons, à 4 500 mètres d'altitude, sont des immortelles.

Nous sommes sur la selle du Kilima Ndjaro. Les hommes harassés ne pouvant aller plus loin, le camp s'établit à peu de distance de la base du Kimaouenzi. La lune brille, le ciel est d'une merveilleuse pureté, il gèle, et les conversations vont leur train, lamentables. Tous les porteurs sont persuadés qu'ils vont mourir. Mais une abondante distribution de thé bien chaud et bien sucré remonte les courages et réchauffe les corps, les langues se délient, le feu pétille et chacun s'apprête à passer la nuit de son mieux. Quant à nous, nous nous enveloppons dans nos habits d'hiver, tirés pour la première fois.

Le ciel est pur comme dans les belles nuits d'Orient. La lune brille et les étoiles scintillent avec cette clarté particulière aux nuits claires et froides d'Europe ; tous les moindres détails des objets qui nous environnent sont éclairés comme en plein jour. Derrière nous, à nos pieds, masquant le pori et nous faisant mieux sentir encore notre isolement, une mer de nuages s'étend au loin. De cet horizon d'en bas nos regards montent, montent sur l'immense plaine désertique qui s'étend au-dessous de nous, tout autour de nous, pour venir se terminer en deux pointes glorieuses.

Grâce à la transparence de l'air, le Kimaouenzi nous semble à portée de la main. Nos regards suivent les profonds sillons creusés par les siècles sur les flancs de ce géant, et vont se perdre aux dentelles de sa crête déchiquetée et vierge encore de tout contact humain. Sa masse sombre, qu'éclairent par endroits des amas de neige, se détache nettement sur le bleu du ciel, dont les lueurs se jouent à son sommet au travers des mille déchirures de son front gigantesque.

En face de lui, son frère aîné le Kibo chante dans l'éther la gloire et la puissance de Dieu. Rien ne saurait dépeindre ce merveilleux glacier à la forme harmonieuse dressant sa tête à plus de 6 000 mètres dans l'azur du firmament et reflétant tout autour de lui dans l'espace, perle colossale, la douce lumière de la lune.

Sur cette montagne dominant tout le continent noir, seuls, isolés du reste des humains, devant ce majestueux spectacle de grandeur, de lumière et de sérénité, nous nous sentions au-dessus de la terre, bien loin du monde, bien près de Dieu.

Jeudi 13 septembre. — A 5 heures et demie du matin, les porteurs, moitié riant d'être encore en vie et moitié morts de froid, ramassent avec stupéfaction sur les flaques d'eau des morceaux de glace de 4 centimètres d'épaisseur. Le thermomètre est descendu à — 4°,3. Sous la tente le Père dresse un autel improvisé, formé de caisses superposées et c'est avec une profonde émotion que nous assistons à la première messe dite en Afrique à 4 500 mètres d'altitude.

Accompagnés seulement de trois hommes de bonne volonté, nous continuons notre ascension, dirigeant nos pas vers le Kibo. Le sol mouvementé est très rocailleux. Après avoir franchi un profond ravin, chacun choisissant son chemin, nous atteignons le sommet de la selle du Kilima Ndjaro. Là s'étend un vaste espace de sable et de terre friable où nous relevons encore des traces de buffles et d'antilopes. La marche y est fatigante, et, lorsque nous commençons à gravir les pentes du Kibo, la sueur perle à nos fronts bien que nous soyons en costume de toile. Arrivés aux premières neiges, qui sont à une altitude très élevée à cette saison de l'année, nous nous arrêtons. Le but que nous nous étions proposé est atteint.

Nous pensons bien un moment à faire transporter le camp ici pour tenter demain une ascension plus complète du Kibo ; mais n'ayant pour escalader cet immense glacier, ni pics, ni crampons, ni sacs de fourrures, nous n'en pouvons espérer atteindre le sommet. D'autre part, il serait peu humain d'infliger à nos hommes une nouvelle nuit encore plus froide que la précédente, nuit qui pourrait coûter la vie à plusieurs d'entre eux. Aussi renonçons-nous à ce projet.

Après une salve de mousqueterie, montés tous trois sur un rocher, à 5 200 mètres d'altitude, nous vidons un verre de champagne frappé dans les neiges éternelles du Kibo en chantant à pleins poumons la *Marseillaise* et en criant : « Vive la France! » Inscrivant alors nos noms à la date du 13 septembre 1894 sur un morceau de papier, nous glissons ce document dans la bouteille de champagne qui, enveloppée dans son paillon et entourée de pierres, est laissée sur le rocher en témoignage de notre ascension. Le Dr Mayer est le seul qui, après deux tentatives infructueuses, soit arrivé au sommet du Kibo, 6 010 mètres.

Pendant notre absence, Pierre-Marie, sur l'ordre du Père Gommenginger, a fait confectionner avec deux morceaux de bois de chauffage apportés de Kilema, une croix qui est, à notre retour, dressée à la place même où le saint sacrifice de la messe a eu lieu. Un document relatant ce fait est introduit dans un flacon d'eau de mélisse des Carmes que nous attachons à la croix avec un bouquet d'immortelles.

(*A suivre.*)   Joseph Chanel.

LA « MARSEILLAISE » AU KILIMA NDJARO

LA MISSION DE KIBOCHO (PAGE 533). — D'APRÈS UNE PHOTOGRAPHIE.

VOYAGE AU KILIMA NDJARO[1].

PAR M. JOSEPH CHANEL.

V

Réception chez Sina. — Les Massaï. — Retour à la côte. — Bagamoyo.

Vendredi 14 septembre. — A sept heures du matin, nous disons au revoir au P. Gommenginger. Accompagné de trois hommes, il retourne à Kilema, tandis que nous nous dirigeons sur Kibocho.

Nous descendons rapidement. Ici, les arbres paraissent plus grands, plus chargés de parasites que sur le versant de Kilema ; la forêt, humide et froide, semble plus sombre, plus majestueuse encore.

De vastes clairières aux grandes herbes profondément sillonnées par les éléphants jettent des taches de clarté dans la demi-obscurité du sous-bois et parfois le regard, s'échappant par ces trouées, caresse en passant les cimes séculaires, pour aller se perdre au loin dans le pori.

En maints endroits, le sentier est obstrué par des arbres tombés les uns sur les autres et dont les troncs réunis par un inextricable réseau de lianes forment de véritables barricades qu'il faut escalader.

TYPE MASSAÏ. — DESSIN DE RIOU-VALENTIN.

Nous voici sur un éperon élevé d'où la vue s'étend libre et magnifique sur la masse sombre de la forêt de Kahé et les vastes plaines d'Arucha ; c'est à regret que nous détachons nos regards de ce merveilleux panorama, si grandiose dans sa simplicité.

L'Ourou, que nous traversons, est un pays très accidenté, fertile et riche. Malheureusement il a pour voisin Sina, le sultan le moins scrupuleux et le plus puissant de la montagne.

Pendant de longues années cette malheureuse province fut mise en coupe réglée par ce tyran. Ses troupes tombaient à l'improviste sur les Oua-Ourou, gens pacifiques, pillaient et saccageaient tout, massacrant ceux qui tentaient la moindre résistance, emmenant les autres comme esclaves. Ces derniers étaient vendus aux Arabes contre de la poudre et des fusils ou contre tout autre objet convoité par Sina.

Il fallut peu d'années pour faire de l'Ourou un désert, ceux qui avaient fui redoutant de revenir chez eux.

Nous filons par des sentiers tortueux, suivant parfois les larges et récents sillons laissés par les éléphants au travers des bananeraies, descendant des ravins presque à pic, obligés de nous arrêter de temps en temps pour permettre à la caravane qui s'égrène de se rassembler. La marche devient éreintante. Successivement

1. Suite. Voyez p. 385, 397, 409, 421.

nous franchissons cinq grands ravins très profondément encaissés : ce sont des abîmes de verdure au fond desquels coule une eau limpide ; le paysage est magnifique, mais les pentes sont terriblement raides.

Enfin, à sept heures et demie du soir, après dix heures de marche, nous atteignons la mission de Kibocho. Les bâtiments, situés à 1 300 mètres d'altitude, garnissent les trois côtés d'un carré. Ils comprennent la chapelle, le magasin, l'école, la maison d'habitation, et un vaste hangar ouvert de tous côtés, atelier de menuiserie d'où sont sortis les charpentes et les meubles provisoires. Ces constructions sont recouvertes d'un toit de chaume et leurs murs, faits de terre glaise et blanchis à la chaux, s'effritent au moindre contact.

Dans l'après-midi de samedi, trois messagers viennent nous saluer et nous demander à quel moment nous comptons faire visite au roi. « Prévenez Sina, leur dit le Père, que nous irons demain à trois heures. J'accompagnerai ces messieurs qui sont Français et n'ont pas plus que moi l'habitude d'attendre. Donc, si demain Sina n'est pas là pour nous recevoir, nous nous en irons. »

Dimanche 16 septembre. — La chapelle n'est guère plus brillante ici qu'à Boura et l'intérieur en est bien pauvre. Quant au costume des enfants de chœur, il se compose d'une vieille chemise de nuit, largement bordée de rouge par en bas. L'assistance à la messe, composée en grande partie de curieux, est assez nombreuse.

Aujourd'hui, c'est jour de grand marché. Pour y aller, nous suivons la nouvelle route faite par les missionnaires. Elle zigzague sur les flancs d'un profond ravin et représente, avec le pont primitif permettant de franchir le torrent qui roule au fond de cette gorge, un travail fort important.

La description du marché de Kilema pourrait s'appliquer en tous points à celle du marché de Kibocho, avec cette seule différence que le costume des femmes est ici beaucoup plus sommaire.

Un bruit de sonnettes attire notre attention et nous voyons passer des jeunes filles de seize à vingt ans, les jambes, les cuisses et le bas des reins ornés de clochettes. Elles se sauvent en nous apercevant, égrenant derrière elles les sons métalliques de leurs nombreux grelots.

Ces jeunes filles sont en quête d'un mari. Pour faire connaître qu'elles sont aptes à devenir de bonnes épouses, elles se vêtent ainsi de clochettes — en d'autant plus grande quantité que la situation de leur père est plus élevée — et vont, un bâton à la main, au travers des marchés et des chambas. Là, elles dansent en faisant résonner leurs clochettes et récoltent des cadeaux : verroteries, bananes, etc., qu'elles rapportent chez leurs parents, ou un époux qu'elles gardent pour elles. Cette course au mari dure parfois trois ou quatre mois pendant lesquels la jeune fille est d'un très bon rapport pour sa famille.

A trois heures, suivis d'un cortège assez important composé des enfants de la Mission et de nos porteurs, nous nous rendons chez Sina.

Les diverses enceintes de sa boma, limitées par d'épaisses haies de dracénas poussant accolés et entrelacés les uns aux autres, communiquent entre elles par de petites portes ogivales surbaissées, à la mode du pays. La porte d'entrée, renforcée de grosses pièces de bois, se ferme à l'aide d'une énorme planche percée de trous permettant d'envoyer balles et flèches à l'ennemi.

La seconde enceinte, où nous arrivons presque à quatre pattes, est pleine de monde : Sina entouré de ses guerriers et de ses courtisans vient au-devant de nous.

Escortés des gens du sultan, auxquels sont venus se mêler les nôtres, nous nous dirigeons vers une vaste case ouverte,

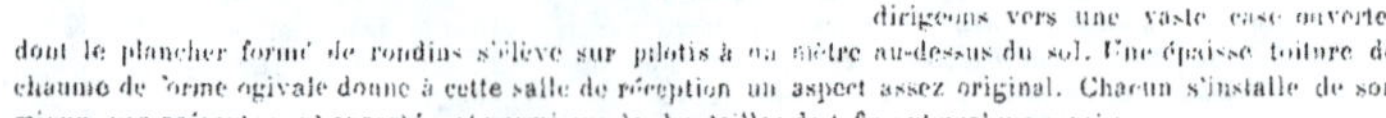
FEMME ET JEUNE FILLE MASSAÏ. — DESSIN DE RIOU VALENÇON.

dont le plancher formé de rondins s'élève sur pilotis à un mètre au-dessus du sol. Une épaisse toiture de chaume de forme ogivale donne à cette salle de réception un aspect assez original. Chacun s'installe de son mieux, nos présents sont apportés, et parmi eux les bouteilles de tafia ont quelque succès.

Un grand verre est immédiatement rempli d'eau-de-vie ; nous y trempons nos lèvres et le passons à Sina, qui, après y avoir goûté, le fait circuler à la ronde, chacun en prenant une petite gorgée. Étonné de cette sobriété, le P. Rhomer en fait la remarque. « Je ne veux pas boire à présent, dit le sultan, car lorsque je suis soûl je bats mes gens et ils me trouvent méchant. Ce sera pour plus tard. » Et il donne l'ordre d'emporter les autres bouteilles. Ses courtisans et tous ceux qui l'entourent sont attentifs à ses moindres gestes. Il ne peut ni tousser, ni cracher, ni se moucher, ni éternuer, ni se lever, enfin il ne peut rien faire sans qu'aussitôt chacun le salue d'un *Adiambo manghi* « A ta santé, seigneur ».

Deux hommes apportent alors une énorme pièce de bois creusée renfermant du tumbo. Une pleine calebasse est présentée à Sina ; il en boit une gorgée pour nous montrer que nous n'avons rien à craindre et nous la présente. Chacun y trempe ses lèvres, mais une fois entre les mains de nos hommes elle est rapidement épuisée. Les calebasses succèdent aux calebasses jusqu'à ce que le grand récipient soit vide.

De taille moyenne, le cou enfoncé dans de larges épaules, Sina a tout à fait le type du montagnard trapu et vigoureux, à la démarche un peu lourde. Sa tête carrée dénote la volonté et l'entêtement. Deux petits yeux bilieux et injectés de sang soulignent la dureté des traits de son visage et ne donnent pas précisément à sa physionomie un air de bonté.

Il succéda à son frère, qui avait commencé la grandeur de Kibocho, et adopta sa politique. Se faire d'un voisin un ami et un allié pour combattre et écraser un autre voisin, s'entendre avec un troisième pour anéantir le premier allié et avec un quatrième pour soumettre le troisième, telle fut cette politique qui porta la grandeur et la puissance de Sina à son apogée. Il en profita pour dévaster et dépeupler les districts voisins, ne faisant la guerre que pour se procurer des esclaves, objets d'échange qu'il livrait aux caravanes. Intelligent, tenace, terrible, il sut discipliner ses bandes de guerriers, les maintenant par la terreur, se les attachant par de fréquentes victoires suivies de pillage. Administrateur, il fit de ses sujets les plus précieux artisans de sa puissance et de sa richesse. Il les obligea, par un labeur constant et déterminé, à augmenter sans cesse le nombre et la force de ses bomas, « villages fortifiés », l'étendue et le rendement de ses bananeraies et de ses champs, et fertilisa son district en faisant exécuter d'importants travaux de canalisation.

LE FILS DE SINA (PAGE 436). — DESSIN DE RIOU-VALENTIN

Maître absolu, ses sujets lui appartiennent ainsi que tout ce qu'ils possèdent. Pour le leur rappeler il s'amuse à donner ordre à une famille d'abandonner sa *chamba* et d'aller s'installer autre part. Nul ne discute le bon plaisir du sultan, sachant bien que ce serait renoncer à la vie.

Divisés par catégories, tous ses sujets savent que tels et tels jours du mois ou de la semaine ils lui doivent la corvée, et cette corvée, Sina la règle lui-même pour que nul n'y échappe. Les enfants et les jeunes gens à tour de rôle gardent ses troupeaux et portent le bois de chauffage ; les filles vont ramasser et porter l'herbe pour les bestiaux. Aux femmes incombe la culture de ses champs, aux hommes l'entretien des haies, des clôtures de fortification, la construction et la réparation des habitations, quand ils ne sont pas commandés de service à la cour du monarque africain.

Si un homme ne vient pas travailler au jour dit, les jeunes gens qui sont de sa catégorie vont couper ses bananeraies, enlever ses bœufs et ses chèvres, et le tout est confisqué.

Si c'est une femme, on dévaste la partie de la *chamba* qui lui appartient plus particulièrement. Cette partie est ordinairement plantée de *maroumas*, sortes de choux; ils sont arrachés, et ceux qui n'ont pas été mangés sur place par les exécuteurs sont portés chez le tyran.

Si c'est un enfant on détruit tout ce qui a rapport à son travail quotidien, par exemple la pâture où il mène paître les chèvres de son père.

Aussi chacun a-t-il soin d'accomplir ponctuellement sa tâche; et toute la journée, surtout vers le soir, c'est un va-et-vient continuel dans la boma, vrai gouffre où s'engloutit le fruit de tout ce travail.

Nul ne peut se marier sans l'autorisation de Sina, et si la jeune fille lui convient, il la prend. Son harem comporte cependant plus de quatre cents femmes, car il a hérité, selon la coutume, de toutes celles du chef précédent, c'est-à-dire dans le cas actuel, des femmes de son frère.

Plusieurs fois par semaine il rend la justice, justice qui, paraît-il, n'est pas gratuite. Quand l'accusateur et le défendeur ont été entendus, l'accusé vient se prosterner à ses pieds. Tendant les deux mains vers lui il dit: *Ketereiva* « je demande pardon »; si le sultan prend entre ses deux mains celles de l'accusé, celui-ci est pardonné; dans le cas contraire tout le monde s'en écarte comme d'un pestiféré et le malheureux, sortant de l'enceinte, attend en tremblant le verdict.

Sina ne se contente pas d'être chef suprême, il est encore sorcier. Tout près de nous trois petites enceintes circulaires formées par des dracœnas renferment des fétiches. Elles sont le théâtre des sortilèges destinés, entre autres choses, à faire tomber la pluie ou à faire choir des éléphants dans les fosses creusées sur leur passage. Par des pratiques occultes Sina prétend aussi découvrir ceux qui veulent lui jeter un mauvais sort

et il s'empresse de les faire disparaître. Avant l'occupation allemande, tout individu contre lequel il avait un soupçon était voué à la mort. Sous un prétexte quelconque il le faisait mander. En route, ceux qui étaient chargés du message avaient ordre de l'étrangler et de jeter le cadavre dans quelque précipice.

Il n'est pas plus tendre du reste envers les siens. Craignant que l'envie ne vînt à ses deux fils de régner trop vite, il les a fait étrangler et, si le troisième, l'héritier actuel, est encore vivant, c'est que le pauvre garçon, étant complètement idiot, est considéré comme peu redoutable.

Cette férocité dans les mœurs n'est pas le partage exclusif de Sina. C'est ainsi que Méli, par exemple, sultan de Motchi, est ouvertement accusé d'avoir, dans une partie de chasse, étranglé son frère qui demandait à partager le pouvoir.

Depuis l'occupation allemande, Sina a vu sa toute-puissance diminuer. Il n'a plus droit absolu de vie et de mort sur ses sujets; s'il en fait encore tuer quelques-uns c'est en cachette.

Ayant appris qu'un kraal massaï se trouvait à deux journées de marche de la mission et Sina ayant mis deux guides à notre disposition pour nous y conduire, nous quittons Kibocho le mercredi 19 septembre, de bon matin, emportant le strict nécessaire pour ne pas exciter la convoitise de ces nomades batailleurs et pillards.

La caravane descend rapidement au travers d'un pays des plus accidentés et à onze heures nous nous arrêtons au fond de la gorge où le Ouérou-Ouérou roule ses eaux torrentueuses dans un décor d'une magnifique beauté. Tandis que Horace Night s'occupe de ses casseroles, mes compagnons s'abandonnent aux délices d'un bain de pieds au milieu des eaux écumantes.

Le soir, nous campons en pleine brousse, sur le sentier même, après avoir fait débroussailler à droite et à gauche.

Le lendemain, au matin, nous voyons passer les soldats soudanais du fort de Motchi, commandés par le lieutenant Eberhard. Ce dernier nous confirme un bruit arrivé hier soir à nos oreilles : la veille sa petite troupe a été attaquée par des Andorobbos, qui lui ont tué un homme et blessé deux autres. Sous les ordres d'un sous-officier allemand, un certain nombre de Soudanais sont partis à la poursuite des Andorobbos.

Nous nous félicitons d'avoir la route ainsi déblayée devant nous, et, notre marche reprise, nous ne tardons pas à croiser des femmes massaï qui, à notre vue, ne manifestent absolument aucune frayeur ; bien au contraire, en passant elles nous saluent du mot *oulélé* et nous tendent la main. Les unes poussent devant elles un bourricot chargé, les autres, le plus grand nombre, portent sur le dos à la façon des soldats un sac de cuir.

Les femmes, chez les Massaï, ont le privilège d'aller partout sans être inquiétées. En temps de guerre on les voit fréquenter les villages ou les kraals ennemis, faisant leurs échanges, sans jamais être molestées, alors que les hommes ne se cherchent que pour s'entretuer.

Nous déjeunons au bord d'une petite rivière,

GUERRIERS, JEUNES FILLES ET CASE MASSAÏ — DESSIN DE MIGNON

le N'Garol Diletta : A deux kilomètres de là, un sentier poudreux piétiné par le fréquent passage des nombreux troupeaux nous conduit à un petit kraal construit en demi-cercle. Tout le monde vient nous tendre la main et les mères, nous apportant leurs petits enfants, nous demandent en grâce de cracher dessus. Autre pays, autres mœurs. Cracher sur quelqu'un est, en pays massaï, une marque d'estime, de sympathie, d'affection même.

Un peu plus loin nous voyons un autre kraal beaucoup plus grand formant un cercle complet. Là encore nouvelle et plus abondante distribution de salive sur les têtes et les figures qui viennent implorer cet arrosage. Ce qui chez nous provoque la plus grande admiration, surtout de la part du beau sexe, c'est la barbe. Le système pileux est en effet fort peu développé chez les Massaï et je n'ai pas vu un seul d'entre eux ayant moustache ou barbe. La barbe du P. Rhomer, en particulier, attire tous les regards et toutes les mains.

C'est entre le premier degré de latitude Nord et le cinquième degré de latitude Sud, sur une largeur variant de 150 à 200 kilomètres, que s'étend la région désignée sous le nom de Pays Massaï.

A vrai dire, ces nomades de l'Est Africain ne se contentent pas de ces limites. Ils considèrent volontiers comme leur appartenant et comme soumis à leur déprédations l'immense quadrilatère limité au Nord par le Sud Abyssin, à l'Ouest par les rives du Victoria Nyanza, par le pays Gogo au Sud et par la mer à l'Est.

Sur ce vaste territoire, les paisibles tribus agricoles propriétaires de bestiaux peuvent toujours redouter les sanglantes razzias de ces guerriers voleurs de bœufs.

Les Massaï, que de savants philologues rattachent à certaines tribus nilotiques, ne forment pas un peuple homogène. Ils comportent un certain nombre de tribus habitant chacune une région plus ou moins déterminée.

Ce peuple, essentiellement pasteur et nomade, ne vit que de son troupeau, objet de tous ses soins. Son seul souci est de l'augmenter sans cesse et, pour arriver rapidement à ce résultat, le meilleur moyen à ses yeux est de voler aux autres leur bétail.

Les divers clans massaï sont régis par une sorte de gouvernement patriarcal où l'hérédité n'est pas un principe absolu. Le choix du chef est surtout déterminé par le courage, l'intelligence, les connaissances médicales de l'homme.

Un peuple si divisé, si avide de liberté, ne pouvait reconnaître comme chef unique qu'un homme incarnant en lui, à leurs yeux, un pouvoir surnaturel. Pendant de longues années ce fut Mbaratien, roi et sorcier illustre, habitant le versant Nord du Kilima Ndjaro. Mbaratien est mort il y a sept ou huit ans, et je ne sais si son fils Suvet a hérité de toute l'autorité paternelle.

Cette race est probablement la plus belle et la plus fière parmi celles qui peuplent l'Afrique. Le Massaï dans la force de l'âge est véritablement un type de beauté plastique. Ses formes élancées, l'harmonie de ses proportions sont apolloniennes plutôt qu'athlétiques. Sa taille dépasse souvent six pieds. Toute sa personne respire un air de dignité, de noblesse qui étonne. On sent clairement dans ses regards qu'il ne connaît pas l'esclavage et qu'il se considère comme le maître du pori.

Guerriers Massaï en tenue d'expédition. — Dessin Boutigny.

Même chez la femme, même chez l'enfant, nulle timidité, nulle crainte à l'égard du blanc.

Sauf la couleur de leur peau, d'un brun foncé, tirant sur le chocolat, et la tendance des cheveux à friser, les Massaï n'ont rien de commun avec le type nègre. Un nez droit, des lèvres minces, un menton des plus corrects leur donneraient l'air de parfaits Européens si des pommettes un peu saillantes et une légère obliquité des yeux ne venaient rappeler le type mongol.

Les dents, fort belles, sont généralement portées en avant. Cela proviendrait de ce fait que l'on donne aux petits enfants, en guise de sucre d'orge, d'épais morceaux de viande à moitié crue, sur lesquels ils tirent comme de jeunes chiens.

Les Massaï se rasent et s'épilent soigneusement. Les cils eux-mêmes ne sont pas respectés et la femme considère comme une marque de beauté de n'en point avoir. Aussi les maux d'yeux sont-ils fréquents et s'aggravent-ils rapidement, grâce à un manque total de propreté.

Le costume des enfants et des jeunes hommes est plus que sommaire. Les anciens, les hommes mariés, se drapent volontiers dans de larges peaux de bœuf admirablement tannées, souples comme de l'étoffe et d'une couleur brun jaune.

Les femmes se vêtent d'une façon fort modeste. Leur costume comporte une peau de bœuf, ou parfois deux peaux de chèvres, l'une attachée autour des reins, l'autre couvrant le torse. Elles savent orner ces peaux

SINA ENTOURÉ DE SES GUERRIERS. PAGE 112. — DESSIN DE E. TAVEL.

de broderies de perles multicolores d'un très joli effet. Les Massaï portent des sandales. Des courroies, terminées par un bouton de cuir roulé et tressé, servent à les fixer. Dans le kraal ils vont généralement nu-pieds.

Une série d'anneaux de fer, auxquels pendent des chaînettes, est la boucle d'oreille préférée des hommes. Ils y joignent volontiers comme ornements des colliers de verroteries.

Quant à la femme, elle semble avoir un goût exagéré pour tout ce qui est parure. Ses oreilles, ou plus exactement sa tête, comme nous l'avons vu chez les femmes de Taveta, supporte des disques formés par l'enroulement d'un fil de cuivre d'un diamètre au moins aussi fort que celui des fils télégraphiques. Le pavillon de l'oreille est aussi percé en divers endroits et paré de morceaux de porcelaine, de bois, de corne, etc. Autour du cou s'enroulent d'autres fils de cuivre, formant parfois une sorte de plateau sur lequel la tête semble posée, et sur tout le devant du corps tombe une vraie dentelle de chaînettes de fer. Les avant-bras, les bras, les jambes et les cuisses sont entièrement emprisonnés dans des spires de fil de cuivre formant carapace. Aussi une dame parée de tous ses bijoux doit-elle porter dix à douze kilogrammes et peut-être plus.

Le kraal affecte ordinairement la forme circulaire. Les cases, placées les unes contre les autres, forment une vaste circonférence dont les divers secteurs servent, la nuit, à parquer le bétail.

La case des Massaï est des plus misérables. Sur une carcasse faite de branches entre-croisées réunies de façon à former une toiture aplatie, on passe une épaisse couche d'argile mélangée à de la bouse de vache. Les murailles ainsi obtenues sont odorantes, mais empêchent le vent de venir tourbillonner à l'intérieur de cette habitation, longue de 3 mètres, large de 1ᵐ,50 à 2 mètres, et haute de 1ᵐ,20. Une peau de bœuf jetée par-dessus l'abrite contre la pluie, une autre étendue par terre sert de lit. La porte, plus qu'étroite, s'ouvre dans l'intérieur de l'enceinte.

La seule industrie de ce peuple consiste à fabriquer des sacs et des outres en peau. Les Massaï croient à l'existence de Dieu, le *Ngaï*. Le mot *Ngaï* signifie tout à la fois, en langue massaï, « Dieu et pluie ». C'est

ARBRE ÉTOUFFÉ PAR DES LIANES. — D'APRÈS UNE PHOTOGRAPHIE.

donc un être essentiellement bon, puisqu'il fait pousser l'herbe si nécessaire à la vie des troupeaux. Aussi le prie-t-on souvent, dans ces régions arides. L'étincelant glacier du Kibo est sa demeure.

Les Massaï ne croient pas à l'immortalité de l'âme. Pour eux, la mort est la fin de tout, et cependant certaines de leurs superstitions vont à l'encontre de cette idée. Quand on parle d'un mort, par exemple, on ne doit jamais prononcer son nom, de peur que le défunt, se croyant appelé, ne vienne troubler les vivants.

Pour nous faire maintenant une idée de l'existence chez les Massaï, suivons l'un d'eux du berceau à la tombe.

Chez ces nomades pillards, la naissance d'un garçon est autrement considérée que celle d'une fille, l'accueil fait à cette dernière est plutôt froid, et dans ce cas il arrive souvent au père de reprocher à sa femme de lui avoir donné une *E morli*, une « marmite », une chose vide.

Il faut dire à la louange de ce peuple que l'infanticide proprement dit, pas plus que l'avortement, n'y sont connus. Le respect de la vie humaine n'y est cependant pas exagéré.

Après avoir passé sa prime jeunesse à califourchon sur le dos de sa mère, maintenu contre elle par la peau de bœuf qui lui sert de vêtement, le jeune Massaï, dès qu'il peut marcher, est livré à ses propres inspirations. Il grandit, l'esprit aussi libre de préoccupations pédagogiques que le corps de vêtements et peut se rouler par terre tout à son aise

sans crainte de salir sa culotte. Dès qu'il peut se rendre utile on lui confie la garde d'un troupeau de chèvres. Un peu plus grand, il s'exerce au maniement de la lance et essaie son adresse sur les antilopes et les buffles du pori. S'il lui arrive d'en tuer, il en dédaigne la chair comme indigne de lui. Un carré de peau négligemment jeté sur l'épaule gauche est pour lui un vêtement des plus seyants — mais des moins décents.

A SUIVRE

—

CONTINUED

UN KRAAL MASSAÏ EN FORME DE CERCLE. — DESSIN DE BOUGIER.

Étirer les lobes de ses oreilles jusqu'à leur faire toucher l'épaule et agrandir progressivement le trou dont ils sont percés, telle est son occupation favorite.

La fille est une aide précieuse pour sa mère, allant chercher parfois très loin l'eau, le bois et les provisions, trayant les vaches, vaquant aux soins du ménage ; elle la seconde également dans le démontage et la reconstruction de la hutte.

Garçons et filles vivent ainsi avec leurs parents dans le kraal des gens mariés jusqu'à l'âge de puberté, époque où la circoncision se pratique sur les deux sexes. Maîtres alors d'eux-mêmes, ils peuvent librement se livrer à leurs fantaisies et à leurs passions sans que nul trouve à y redire.

Le plus grand désir de notre jouvenceau est de quitter le kraal où vivent paisiblement ses parents en compagnie de gens mariés et d'enfants, pour aller se mêler aux *El moran*, aux guerriers. Mais avant tout il lui faut des armes.

À côté des Massaï, asservies par eux, réduites à l'état d'ilotes, vivent deux tribus, les Andorobbos et les El Kononos. Les premiers demandent à la chasse leur principal moyen d'existence, les seconds s'occupent particulièrement du travail du cuivre et du fer ; ce sont des forgerons.

Un Andorobbo maigrement rétribué fournit à notre futur guerrier un bouclier en peau de buffle de forme elliptique, sur lequel de larges dessins, se détachant en noir, en blanc ou en rouge, font connaître le clan auquel il appartient. La lance et le cimé lui sont fournis par un El Konono ou par un Tchaga si son kraal est voisin du Kilima Ndjaro. Le casse-tête, taillé parfois dans une corne de rhinocéros, complète son armement.

Ainsi équipé il se rend au kraal des El Moran, où il est considéré non pas comme guerrier mais comme *El Barnoti*, mot à mot « gratteur de marmite », c'est-à-dire comme un « bleu » corvéable à merci. Son plus vif désir sera alors de partir en expédition, car là seulement, en se distinguant, en ramenant beaucoup de bœufs, et surtout en tuant un ennemi, il conquerra le titre si envié d'*El Moran*.

Dans ce kraal, caché dans les profondeurs d'épais fourrés, les El Moran ont un genre de vie tout à fait particulier. Ne rêvant que batailles et pillages, ils s'exercent en des combats simulés. Leur régime est tout à la fois sévère et original. Le tabac, les boissons fermentées et les végétaux leur sont interdits. Pendant dix ou douze jours ils ne prennent que du lait ; puis, lorsque le besoin d'une nourriture plus substantielle se fait impérieusement sentir, ils changent brusquement leur mode d'alimentation. Après s'être administré un énergique purgatif, ils se réunissent par groupes de cinq ou six individus, et chacun de ces groupes, emmenant un bœuf avec lui, s'enfonce au plus profond de la brousse en quête d'un endroit tout à fait solitaire. Là commence une série de repas pantagruéliques dont le bœuf fait tous les frais.

Les Massaï ont, en général, une étonnante facilité d'élocution qui, jointe à leur dignité personnelle, à la justesse et à l'à-propos du geste, font de ces superbes guerriers de remarquables orateurs. Par exemple, ils ne disent pas toujours la vérité.

L'El Moran en toilette de guerre est vraiment étrange : encadrant sa figure, une vaste coiffure en plumes d'autruche forme soleil, tandis que sur son dos flotte une longue pièce d'étoffe rouge ou blanche ornée de dessins de couleur. Attaché autour du cou, ce vêtement tombe jusqu'aux pieds chaussés de sandales, laissant le devant du corps complètement à découvert. Une épaisse collerette faite de plumes de vautour fendues dans leur longueur — ce qui, les rendant plus flexibles, leur permet d'onduler au moindre mouvement — recouvre en partie ses épaules. Mollets et chevilles sont ornés de queues de colobe et, répandue sur tout le corps, une épaisse couche de beurre mélangé de terre rouge exhale une odeur suffisante à elle seule pour renverser des ennemis moins malpropres que ceux qu'il pille ordinairement.

Chez les Massaï la jeune fille se charge elle-même de trouver un mari et, après quelque temps passé dans le kraal des El Moran, elle peut le choisir en toute connaissance de cause. Les deux jeunes gens étant d'accord le futur va trouver le père de la jeune fille et lui dit simplement : « J'épouse ta fille ». Cette déclaration est accompagnée de la remise au père du prix de son enfant, soit : deux bœufs, un couple de chèvres, trois vases pleins de miel et trois paquets de fil de fer. Il n'y a pas d'autre cérémonie. Cependant, lorsqu'il s'agit du mariage de la fille d'un chef, il y a fête et même orgie.

Le Massaï ne se marie guère avant l'âge de vingt-cinq ans, lorsqu'il commence à s'assagir un peu.

Il est polygame et sera d'autant plus riche qu'il aura plus de femmes, celles-ci étant un peu considérées à l'égal du troupeau. Possesseur en moyenne de cinq ou six épouses, son principal objectif est d'avoir le plus de garçons possible. La considération dont il jouit augmente avec le nombre de voleurs de bestiaux qu'il donne à la tribu et sa richesse suit la même progression, le butin fait par les enfants appartenant au père.

Lorsque le Massaï devenu père de famille a pris de l'âge, il change du tout au tout. Le guerrier fougueux et irascible fait place à un homme de sens rassis, sociable, se servant de son autorité pour protéger contre la jeunesse impétueuse traitants et caravanes. Il passe de longues journées à chiquer, à boire de l'hydromel, tout en causant, et sa conversation dénote une intelligence de beaucoup supérieure à celle du nègre.

En cas de maladie, les Massaï consultent les sorciers, *El Oiboni*, mot qui signifie à la fois sorcier et chef, le chef étant généralement le grand sorcier de la tribu. Sa pratique médicale se borne à l'emploi des simples et surtout de diverses écorces d'arbres reconnues très bonnes pour la cicatrisation des blessures ; aussi le mot massaï *Ol Djani* désigne-t-il tout à la fois un arbre et un remède.

Quand un malade est à l'agonie, surtout si c'est le père ou la mère, toute la famille se réunit. Les soins qu'on prodigue au mourant consistent surtout à l'enduire de graisse et de beurre de la tête aux pieds.

La mort, comme la naissance, souille la case ; dans ce cas ce n'est plus avec le sang d'une chèvre, mais avec la matière retirée de l'estomac d'un bœuf tué à cet effet qu'on la purifie.

Le corps du père de famille et celui de la femme préférée sont ensevelis au ras du sol dans le pori, en dehors du kraal. Pour les autres femmes, les vieillards, les guerriers, leur dépouille est assise dans une légère excavation creusée au pied d'un arbre et recouverte de branchages, de feuilles et de gazon vert. Les hyènes, les vautours, les marabouts se chargent de leur donner une sépulture, ainsi qu'aux enfants qu'on jette tout simplement dans la brousse.

Samedi 22 septembre. — A en croire les jeunes Massaï qui accompagnent les Pères, nous avons failli être massacrés. Pendant le déjeuner d'avant-hier, alors qu'un triple rang de guerriers entourait notre table, la question fut fortement discutée entre eux. La crainte inspirée par l'appareil photographique et les paroles d'un vieux chef dont nous avions soigné le fils,

JEUNES FILLES TCHAGA EN COSTUME DE CIRCONCISION — DESSIN D'OULEVAY

surent les ramener heureusement à de meilleurs sentiments. Après une halte, à midi, sur les bords du Ouérou-Ouérou, nous entrons dans la forêt de Matchamé où des traces d'éléphants toutes fraîches croisent le sentier. Le soir nous couchons à la Mission de Kibocho, et le lendemain, disant adieu à nos aimables hôtes, nous rentrons à Kilema par la route dite « d'en haut ». A Kilema, nous apprenons que deux Allemands, dont le